PROLOGUE

人が不安になるのはなぜ？

生まれてこの方、不安というものを抱いたことがない。そんな人はまずいません。

むしろ、「何とかして不安から逃れたい」と思い、いろんなことを考えたり行動したりする。人生とはその繰り返し、「不安との闘いこそ人生である」と言ってもいいかもしれません。

心が不安な状態から逃れたいと誰もが思いますが、本来、人間は不安や恐れを感じることで、この地球上で生き延びてこられたのも事実です。

ただし、人並みはずれて大きな不安を感じる人たちがいます。

彼らは**HSP（敏感すぎる人）**と呼ばれ、すべての生物のおよそ2割はこの「能力」を授かったと言われています。

これはアメリカのエレイン・N・アーロン博士が、自分のあまりに感じやすい性格に悩み、自らを研究した結果、見つけた概念です。

HSPの人たちは、危機を予知する「炭鉱のカナリア」とも言われ、その特性を生かして今起きている危機、これから起ころうとしている危機を察知する能力に秀でています。

これは、脳の一部が普通の人以上に活性化している、つまり、脳のある部分の機能がほかの人より元気なためにもたらされる気質（性格）です。

そのため危険を察知しやすい。それはいいのですが、平穏なときにも、脳は活性化していて、そのせいで**何もリスクがないときでもリスクがあるかのように脳が感知して、小さな音や色、匂いなど、わずかな刺激にも過剰反応してしまう**のです。性能の良すぎる火災報知器が脳の中にある、とイメージしてみればいいかもしれません。

また一方に、**不安障害**という病気があります。バスや電車の中で突然息苦しさに襲われるというパニック障害なども不安障害の一つとされますが、本書では主に、一般的な不安障害を扱います。

一般的な不安障害とは、「会社が潰れたらどうしよう」とか「お金がなくなったらどうしよう」「病気になったらどうしよう」といった**さまざまな不安に継続的に襲われ、生きていくのが苦しい**といった症状のことです。

昔ならこういう人をよく「不安症」などとも言っていましたし、不安障害の定義は曖昧です。本書で言う不安障害は病気というより、人一倍不安になりやすい人ぐらいに考えておいてください。

本書が『ＨＳＰと不安障害』というタイトルになったのは、どちらも不安感が強く、生きづらさを抱えていること。両者には重なる点が多く、どちらとも言えるような人がかなりいるからです。

不安には２つの種類があります。原因がわかっている不安と原因がわからない不安です。

「コロナに罹《かか》るかもしれない」

「試験に受からなかったらどうしよう」

こういう原因がはっきりしている不安は、どんな人でも抱くことはあります。

けれど、「楽しいはず」なのに胸がどきどきする、心配なことは何もないはずなのに不安を感じるといった「原因がはっきりしない」不安を抱く人がいます。

それはその人の脳が、人一倍、いろんなことに過剰反応しているからです。

そうとわかれば、「あっ、今は脳が敏感になっているな」と認識するだけで不安は軽減されるはずです。しかし、それがわからないと、不安が「恐い」となり、さまざまな体の不調となって現れるのです。

またＨＳＰとは逆に、まったく不安や恐怖を感じない人もいます。

『フリーソロ』というドキュメンタリー映画があります。命綱なし、自分の体とわずかな道具だけで、カリフォルニア州ヨセミテ国立公園のエル・キャピタンで衝撃的なフリーソロを達成したその瞬間を撮ったドキュメンタリーです。その中で、偉業を成し遂げたアレックス・オノルドの脳を調べるシーンがあります。

「あなたの扁桃体はあまり活動していない」

医師はアレックスにこう言います。

「それはどういう意味ですか」と尋ねるアレックスに医師は、「よほどのことがない限り不安や恐怖を感じないんだね」と一言。

事実、彼は切り立った崖を登っている最中も、恐怖を感じている様子はあまり見えません。

しかし、彼を撮っている撮影隊のなかには、冷や汗をかき、顔を背ける人がいます。そして、映画を観ている人にとっては、アレックスに対して不安や恐れを感じる以上に、そうした「怖がっている人」を見るほうが、より大きな不安や恐怖を感じるのです。

それは、不安や恐怖は人から人へ伝染するからです。映像を観た場合でもそうです。ホラー映画では、怖さの実態よりも、それに襲われる人の恐怖の表情をアップにする方がより怖さを観客に伝えられると言います。

アレックスは恐怖をあまり感じないからこそ、偉業を成し遂げたことができた。目の前の目的に集中できたわけです。不安や恐怖を抱くと身体が硬直して動けなくなったり、動作がぎくしゃくしてきます。多くの人が経験していることです。

不安や恐怖を司る脳の機能は、海馬やそれと隣接している扁桃体が受け持っています。この部分がより活発に動く＝不安や恐怖を感じやすい、あまり活動しない＝恐怖を感じにくい、ということです。

これは単純な脳の機能であり、そこに良し悪しはありません。

不安を感じやすい人は、泳ぎの不得意な人が泳ぐ術を身に付けることで泳げるようになるように、この本で紹介しているような方法を参考にして、状況に応じて不安を司る脳の機能をコントロールする術を身に付ければいいのです。

体が傷ついても痛さを感じない「無痛症」という難病があります。傷ついても痛さを感じないので、ケガをしないように身を守る方法を身に付けることができない。そのために外傷を繰り返すのです。

それが原因で、破傷風などの危険な病気を引き起こすこともあります。

同様に、不安や恐怖をあまり感じない人は、リスクを平気で繰り返す傾向があります。恐怖や不安を感じにくいので、普通の生活に退屈を感じて、何度も危険に挑む傾向があるのです。

それは家族や友人など親しい人に、大きな不安や恐怖を抱かせるのではないでしょうか。

脳の機能の違いにより、偉業を成すこともあれば、リスクを冒すこともあります。

よりよい人生を送りたいと願うなら、どちらのタイプも、まずは自分の傾向を知り、それをどう生かし、コントロールしていくかを学べばいいのです。

HSPと不安障害

「生きているだけで不安」なあなたを救う方法

CONTENTS

CONTENTS

PROLOGUE　人が不安になるのはなぜ？ …… 001

CHAPTER 1
コロナ不安

日本人の65％が不安遺伝子を持っている？
セレトニン不足が不安を招く …… 017

「漠然とした不安」を抱える人たち
その原因はどこにある？ …… 022

テレワークへの不安
職場環境がガラリと変わってしまう！ …… 026

コロナ自粛で生まれた不安
ミニマリストになり不安を解消 …… 031

「自分がコントロールできないことはしょうがない」の発想
ラグビー日本代表・福岡選手の決断 …… 034

他人の不安に巻き込まれないために
「マイナスカード集め」のクセをつけない …… 038

CHAPTER 2
お金の不安

預貯金が少なく、老後が不安
お金はあってもなくても人は不安になります …… 043

お金の不安の後ろにある本当の不安
本当の原因はお金ではないかもしれない …… 048

コロナでわかったお金との付き合い方
お金コンプレックス、お金アレルギーを解消！ …… 051

CHAPTER 3
誰もが抱える「人間関係」という不安

他人にコントロールされる」不安
「それは私の問題じゃない！」という発想 …… 057

「上司に嫌われているかも」という不安
不安を増幅させない方法 …… 061

「部下とのコミュニケーションがうまくできない」不安
相手の言葉の反復は人の気持ちを和ませる …… 065

CHAPTER 4

女性の不安

HSP特有の不安
同僚の声、匂いが神経に障り、仕事に集中できない …… 070
「がみがみ言われる」と不安になる
普通の音声で説明して欲しい …… 074
パートナーへの不安
不安とは実物よりも大きく見える影 …… 079
ダイエットがもたらす不安
「痩せたい」の奥に隠れている不安 …… 082
「自分のために時間やお金を使う」不安
自由は不安をもたらすものです …… 086
「片付けられない」という不安
収納グッズが片付けられない …… 089
言葉のクセが不安を招き寄せる
「〇〇したいのに〇〇できない」と言うのをやめてみる …… 093

CHAPTER 5

原因がわからない不安と対処法

「不安は解決したはず」なのに不安　自分がどのパターンかによって解決法が違います …… 099
「メールの返信が来ない」不安　自分中心の思考を手放す …… 105
人と会って別れたあとに感じる不安　他人の感情を気にしすぎる人の対処法 …… 109
不安を書き出し「見える化」する　気持ちを楽にする「暗示」の言葉 …… 112
「相手の気持ちがわからない」不安　思い込みの正誤がわからないときの対処法 …… 117

CHAPTER 6

ネット不安

「相手の言葉や行動」への不安　不安や怒りの奥に隠されている感情に気づく …… 121

「ネットいじめ」の不安
ひと言に込められた悪意エネルギーの対処法……124
ネットから生じる不安やうつとは？
バーチャルとリアルのバランスが大事……127

CHAPTER 7

不安と脳のメカニズム

不安は人から人へ伝染する
ミラーニューロンとシンクロニティの話……133
怒りや不安は増幅する
相手の気持ちに共感しない……136
「失敗したときに感じる」不安
不安や恐怖も学習の産物……140
危険や不安を察知しない脳と察知しすぎる脳
仕事は自分の気質を知って選びましょう……143
恋や興奮のあとの不安や悲しみはなぜ起きるのか
脳内ホルモンは使い方次第……146

不安や落ち込みの原因は性格ではない じつは脳内ホルモンのせいだった！ …… 149

不安をコントロールする 脳内物質の特徴とその操縦法 …… 152

原因は脳だけではなかった!? 腸内細菌と不安、うつ、発達障害の関係 …… 158

CHAPTER 8

それでも不安な人の不安を消す方法

逃げるは恥だが役に立つ 「苦しいときは逃げていい」の発想 …… 167

今の失敗はやがてプラスに転じる 長距離思考と短距離思考で考える …… 171

マイナスの記憶ばかりを思い出す 嫌な記憶を一瞬にして楽しい記憶に変える方法 …… 174

不安を放置して不安を追い払う 自分のやるべきこと、目の前のことに集中する …… 178

良いことも悪いことも思い出さない
どんなに不安でも「なるようにしかならない」……181
見えない未来を不安に思うより……
時の経過を「待つ」ことの大事さ……184
自分のなかにいる不安＝幼児
「リフレーミング」で自分を客観視する……187
手軽に不安から逃れる方法
不安になったら水をイメージする……191
孤独という不安
ひとり暮らしだから孤独なのではない……194
アフォメーション＝良い暗示をかける
自分を縛る悪い暗示を捨てなさい……197

CHAPTER 1

コロナ不安

日本人は不安を感じやすく、
自己肯定感が低い民族であると言われています。
「コロナ不安」によって、原因がはっきりしない
「漠然とした不安」までもあぶりだされているのです。

日本人の65%が不安遺伝子を持っている?
セレトニン不足が不安を招く

「日本人には不安遺伝子を持つ人が65%もいる」

少し前から、このようなことが盛んに言われているのをご存じでしょうか。

簡単に言えば、日本人には、精神を安定させるのに寄与する脳内の神経伝達物質の量が不足しやすい遺伝子の人が多い。そのため、不安を感じやすいのだという説です。

もう少し詳しく説明しましょう。

別名「幸せホルモン」とも呼ばれる、セレトニンという神経伝達物質があります。このセレトニンが脳内から減ると、人は不安を感じたり、気分が落ち込んだりしやすいと考えられています。

セレトニンの分泌量を左右するのが、「**セレトニントランスポーター遺伝子**」です。

この遺伝子は、セレトニンの分泌量の少ない「S型」と分泌量の多い「L型」の2種類があり、その組み合わせによって、「SS型」「SL型」「LL型」の3つに分かれます。

そして、SS型の遺伝子を持っている人は不安を感じやすい人、LL型の遺伝子を持っている人は楽観的な人、SL型はその中間。つまり、不安を感じやすいかどうかは、ある程度、生まれつき決まっているというわけです。

ある研究調査によれば、日本人の遺伝子はSS型が65％を占めていると言われています。SL型は32％、LL型はたった3・2％にすぎません。一方、アメリカ人は、SS型が19％。SL型が49％、LL型が32％という結果が出ています。

つまり、**日本人はセレトニン不足の人が多いから、不安を感じやすい**民族なのだというのがこの説です。

セレトニントランスポーターについては以前、脳医学の世界でも盛んに研究され、かなり議論されました。しかし、うつ病とセレトニントランスポーター遺伝子との関係、そして、それによるうつ病と民族的傾向については確かな裏付けは得られませんでした。

しかし、セレトニントランスポーター遺伝子の違いによるものかどうかはともかく、セレトニンがうつ病や不安障害といったものと何らかの関係を持っているという説は有力です。日本人が欧米人に比べ不安を感じやすく、自己肯定感が低い民族であることは、さまざまな調査によっても裏付けられています。

ですから少なくとも、セレトニンの量が少ない傾向にある日本人が不安になりやすい、という説は間違いだと言える根拠はないのです。

「もっと多くの財産があれば幸せなのに」と思う日本人が多いのは、不安症だからなのでしょう（「うつ状態」の出現頻度は米国人の9・4％に対して日本人は30・4％）。「なんとかなる」と考えられないのが、よくも悪くも日本人です。

では、仮に日本人の不安の感じやすさに、セレトニントランスポーター遺伝子の違いが関与しているとすると、なぜ日本人には不安症のSS型が多いのでしょうか。

いろいろな仮説を立てることが可能だと思いますが、1つの考え方は、災害の多さが関係しているという説です。

地震、津波、台風、火山噴火など、日本は「災害大国」として知られています。そんな国に住む日本人の多くが、もし「なんとかなる」と楽観的にかまえていたら、いざというときの対応が満足にできず、悲惨な状況を生み出すことは明らかです。

災害から自分や家族の身を守るためには、不安遺伝子は生き延びるために必要な遺伝子、つまり進化した遺伝子だとも言えるのです。

ただし、災害をある程度事前に予測し、克服できるようになった今、過剰な心配や不安はかつてほど必要なものではなくなってもきています。

５人に１人と言われているＨＳＰも同じですね。

センサーが人一倍発達しているＨＳＰは、危険をいち早く察知し、人類をリスク回避の方向へ導く大切な役割を担ってきましたが、今ではむしろ、幸せになるためには自らの足を引っ張ってしまうという弊害が目立っています。遺伝子に刻まれた生まれつきのこの性格を、変えることはできないのでしょうか。


先ほども触れた、うつ病の治療に有効なセレトニンの伝達に関係する「セレトニントランスポーター遺伝子」にはS型とL型があります。このちがいは性格に反映し、S型の遺伝子を持つ人は不安を感じやすく、逆にL型だと快活で楽天的と言われます。

日本をはじめ東アジアの国々では、S型の遺伝子が70~80%を占めます。それに対して欧米諸国では、S型の持ち主は40%程度しかいません。アメリカ人が底抜けに陽気なのは、彼らの遺伝子がL型だからかもしれないのです。

不安を抱く度合いが遺伝子型で決まるなら、そこから文化を説明することも可能です。日本や中国、韓国、シンガポールなどで集団主義的な社会が生まれたのは、人々の不安感が強く、人間関係をできるだけ安定させようとしたからだ。それに対してヨーロッパの個人主義は、自主独立と冒険を好む遺伝子から生まれた……。

もちろん、この生理的な解釈が正しいと決まったわけではありません。しかし、人種（民族）間の遺伝子の差が文化のちがいに反映されるという証拠は徐々に増えてきています。S型遺伝子が大半を占める日本人は、自分が過度に抑うつ的になりやすいと考えて、羽目を外して楽天的になるくらいがちょうどいいのかもしれません。

不安遺伝子が多いのも悪いことばかりではありません。災害などのリスク回避のほかにも、日本の電車がすごく正確に運行されていること、自動車や電化製品が壊れにくいこと。そうしたことも不安遺伝子が多いことが原因だと考えられます。

以上のことを踏まえて、多くの人が不安を抱いていると知り、では、それはどんな場面で、どんなときに感じるものなのか、事象例を挙げながら、それにはどう対処していけばいいのかを考えていくことにしましょう。

「漠然とした不安」を抱える人たち その原因はどこにある？

不安には「**原因がはっきりしている不安**」と「**漠然とした不安**」があります。そして、原因がはっきりしている場合には、その原因をなくすための具体的な対処法を考えればいいと、普通は考えると思います。

ところが、そう簡単ではないのです。

たとえば「お金の心配」といった場合、「原因はお金」だとはっきりしているはずですから、どうしたらもっとお金を稼ぐ（貯める）ことができるかと、具体的に対処法を考えていけばいいようなものですが、それがそうはならない。

「お金のことが心配」という、今の自分が置かれた状況にどう対処したらいいのかわからない。具体的な解決策を探ろうともしないで漠然と不安がる。私たちの心の構造は、こうしたヤッカイな構造を多かれ少なかれ持っているからです。

そこに生まれるのは「漠然としたお金の不安」です。

今、目の前の現実的なお金が足りない。

将来の子どもの教育費や老後の暮らしといったことが心配。

お金の不安にもいろいろあるでしょうが、目の前のお金がない場合、何がいくら足りないのか、それを補うためにはどうすればいいのかを考える。たとえば、もっと稼げる仕事に転職するとか、主婦の方がパートに出る、節約するなどの対策もその一つでしょう。

将来のお金の不安なら、どの時点（何歳ぐらい）でこうしたい（こうありたい）ためには、どのくらいのお金が必要なのかと考え、そのためには、どうやってそのお金を稼ぐ（貯める）かを計画する。仕事をどうしていくかはもちろんのこと、積み立てを始めるとか、毎月いくら節約するとか、投資を始めるとか、対策を立てる。

いろんな具体策を考え、実行していくしか打開策はないはずです。

しかし、お金の不安を抱える人の多くは、そういう現実的な対処法を考える以前に、**「お金のことは考えたくない」というお金アレルギーの人がかなりの数いる**のです。

原因がはっきりしているのに、漠然とした不安を抱えてしまうというのは、たとえばこういうことです。

今、新型コロナウイルス感染が蔓延する中で、世界中がかつてないほどの不安に襲われています。

このコロナに対する向き合い方も、二つに分かれているように思います。

現実的な不安と漠然とした不安。

コロナ禍は、この2つの不安をわかりやすく表した象徴的な出来事ではないでしょうか。

自分や家族がコロナに罹るのではないか。

商売が成り立たなくなるのではないか。

会社が倒産するのではないか。

こうした現実的な不安を抱く人。

一方、マスクや消毒がうざったいぐらいで今すぐ困ることはないけど、この先どうなるのかわからないという漠然とした不安を抱く人。

「不要不急の外出は控えましょう」と言われ、芸能人や文化人などのなかには、「自分のやってきた仕事は不要不急なんだな」と再確認したという人も多いと聞きます。

逆に「不要不急であっても、自分にとってこれはやはり大切なものなんだ」と、自分の仕事の意義や意味を初めて認識した人もいるようです。

長い自粛生活で、家族と一緒に暮らす時間も増え、家族密度が高まり、それまで日々のあたふたとした暮らしのなかでやり過ごしていた「家族問題」が表に出てきたと感じる人も増えています。

コロナ禍は、多くの人が抱えている不安をあぶりだしたのかもしれません。

テレワークへの不安
職場環境がガラリと変わってしまう!

事務職のAさん（男性・30代）はコロナ自粛が始まって以来、テレワークをすることになりました。

通勤ラッシュもない、苦手な上司に会わなくて済む……。ストレスがかからず、むしろ気が楽になるんじゃないかと最初は思っていましたが、日が経つにつれ、そんな気楽な環境ではないことに気づきました。

自宅と会社をパソコンでつなぎ、パソコン画面を通して会社とやり取りするため、パソコンの向こうにいる上司に見張られている気がする。画面を通じて進行状況を確認されているので、こちらがトイレなどでパソコンの前にいないと、さぼっていると思われるんじゃないかと気になる。実際、不機嫌な素振りをされたこともあったし、次第にパソコンという機器自体に見張られているような気もしてきました。

人の感情や表情に反応しがちなＨＳＰ気質のＡさんには、パソコンを通しても人の「気＝エネルギー」はひしひしと伝わってきます。テレワークでは顔のアップ、相手の顔が迫ってくるのも不愉快要素です。

メールでのやり取りも、文章を書くのが得意ではない、いやそれ以前に自分の考えをはっきりさせることの少ない彼には気が重い。

週に何回かは出社するのですが、そのときには、慣れない環境を余儀なくされた上司の苛立ちが伝わってきます。これまでは、言葉を発しなくてもその場の空気とか、そぶりなどで伝わっていた業務伝達も、明確な言葉やしっかりとした見通しを持って伝えることが必要となったからかもしれません。

テレワークは、これまでとは違う能力を必要とします。

アフターコロナと言われるように、たとえコロナ禍が収束したとしても、以前のような働き方に戻ることはないだろうと言われています。今まで慣れていた仕事の流れや環境は、これからどんどん変わっていく可能性があります。

除菌やマスクといった目に見える変化とともに、人との対し方、コミュニケーションの方法、仕事の対処法など、あらゆるソフト面も変化していくのではないでしょうか。

コロナ禍をきっかけに、会社の規模を縮小、テレワークを主体にしていく企業も出てきました。

この変化に刺激を受け、自分に合う新しい方法を考えだす人や企業と、変化に対応できず不安だけを増長させていく人や企業。

この先は、コロナ禍への向き合い方によって、大きく変わっていく可能性があります。

あなたに仕事のケチをつける上司もまた不安なのかもしれません。上司であるだけに、よりはっきりとした計画や態度を示さなければなりません。中間管理職は、下からも上からも押されて辛い立場なのです。


つまりは、上も下も不安、不安、不安――。

そんなときは、周りを少し俯瞰してみることです。そうして、まずは緊張をほぐしてください。

その上で、ではこれからの社会は、会社は、自分はどう変わるのか、その変化を刺激として目の前に映っている上司の顔をしっかりと見るようにしてください。

つまりは、自分の感情も他人の感情も、ちょっと距離を置いて客観視する。

そんな簡単にはいかないよ〜と言われそうですが、**目の前に起きる出来事にすぐに反応しないで、何が原因で、何が起こっているのかを考える。**

そして、自分や自分の周囲だけじゃない、世の中全体が不安を抱えているんだ、と考えてみてください。目の前の出来事にびっくりしたときほど、一度大きく息を吐きだしてみるのもきっと有効だと思います。

原因はコロナ。はっきりしているではないですか。そして、コロナ禍は、あなたやあなたの会社だけでなく、日本共通、いや世界共通の出来事なのです。

ある意味、みんな同じ運命を強いられた運命共同体の中にいる。もちろんあなたも、その運命を共有し、乗り越えていこうとしている仲間の一人なのです。

コロナ自粛で生まれた不安
ミニマリストになり不安を解消

グローバル経済が浸透した現代社会では、日本やあなたの住んでいる場所が安全でも、世界中で新型コロナが蔓延している限り、この先どうなるのかわからない。たとえコロナ禍が収まったとしても、また新たなウイルスが人間に襲いかかる可能性ももちろんある。

そんな先行き不透明そのものの世の中にあって、今回の出来事をプラスに変えた人もいます。

30代のC子さんは栄養士。ある会社で食事のメニューを考え作っています。仕事に追われ、そのストレスから「自分へのご褒美」などと言い訳しながら洋服、小物などを買いまくっていました。「言い訳」とわざわざ書くのは、彼女の部屋は、ストレス買いグッズで溢れていたからです。

そんな毎日が、コロナ禍によって突然ストップしてしまいました。

最初こそ不安に襲われたものの、こんな機会はこの先二度とないだろうと、まず部屋の片付けをすることにしました。

すると今度は、**「捨てる」ことへの不安**に襲われたのです。

今捨てても、また買うはめになるのではないだろうか。それなら持っていたほうが無駄にならないと思ったり。

とっかかりはチェストの引き出しでした。

引き出しのなかを整理しているうち、パソコン関係のグッズがどんどん出てきたのです。

アナログ派のC子さんは、パソコンが壊れたときのために捨てることができなかったのですが、冷静になって調べると、これらの多くは、万が一のパソコンの不具合には何ら役に立たないことがわかったのです。

もし壊れたら不安だから……そんな理由だけで捨てることができない。

これって、自分の弱点、コンプレックスなんじゃないか。捨てられないモノは、もしかしたら自分のコンプレックスを表しているのかも……。

そんなことを考えながら点検していくと、台所の便利グッズは「もしかしたら仕事に役立つかも」という仕事への不安、洋服は体型への不安などから買ったものが多かったのです。

「あっ、こういうモノが、自分の弱点を教えてくれている」

そう思ったC子さんは、モノの整理が楽しくなりました。

捨てるものを発掘することで、自分の弱点を発見し、克服できるような気がしたからです。

パソコン関係の「万が一グッズ」なんかなくても、バグ（不具合）が起きたとき、自分で勉強するか、ちゃんと業者に頼めばいい。

台所のまな板は「仕事の役に立つ」からと何枚もあったのですが、どう仕事に役に立つんだと自分にツッコミをいれながら、どんどん破棄していきました。

引き出しや台所が整理される気持ちよさに後押しされ、C子さんは、自粛生活が終わるころにはミニマリストを目指すほど、部屋のなかはすっきりしていたのです。

「自分がコントロールできないことはしょうがない」の発想
ラグビー日本代表・福岡選手の決断

コロナ禍のせいであの感動も薄れてしまった感がありますが、2019年、日本中が熱狂したラグビー・ワールドカップの日本大会。あの大会で日本代表の8強入りに大いに貢献したパナソニックの福岡堅樹氏が、コロナ禍で東京オリンピックが1年延びたため、出場を断念するというニュースがありました。

ワールドカップの後、彼は2020年に予定されていた東京オリンピックでセブンズ(7人制ラグビー)への出場を目指し、オリンピックが終わったら、医学部進学のために集中して勉強するとの計画を立てていました。しかし、コロナ騒動で、その計画を変更せざるをえなくなったのです。

「自分でコントロールできることと、できないことがある。今回のコロナ騒動は自分ではどうしようもないことだ」

コロナ自粛の間、彼はこう考え、心を平静に保つ努力をしていたと言います。

もし福岡選手が医学部に進もうという意志や夢を持たず、オリンピックに出ることを優先していれば、この期間をラグビーの練習に有効に使うこともできたはずです。多くのスポーツ選手が、そのように自分を鼓舞して練習に励んでいるとの報道もよく見られました。

そんななかで、福岡選手は、医学部進学を選んだ。それはもう断腸の思いであり、大きな決断だったと想像します。しかし、彼は長い人生を考えて、今勉強しないと医学への道は遠くなると判断したのでしょう。

コロナウイルスは自分でコントロールできないが、自分の未来は自分でコントロールできる。そして、自分の未来をコントロールするのはまさに今だ、と。

オリンピックを諦めることは、多くのファンをがっかりさせ、失望させるだろう。そう思えるほどのものを与えてくれたラグビーはもちろん大切なものだし、オリンピックという夢舞台を諦めるのは苦しい決断だけれど、ラグビーでは一定の結果を残すことができた満足感もある。だったら、自分のもう一つの夢、自分のこれから先のほうが大事だと、彼は冷静に判断したわけです。

そんな福岡選手の思いが伝わったのでしょう。ファンの残念な思いは今、賞賛や「福岡、頑張れ！」とのエールに変わっています。

目の前に起こった、自分の力では変えようもない現実を恨み、悔しがり、地団駄を踏むより、ラグビーと同じように頑張ってきた別の道に進む。

決心するまでは、どんなにか悩み、迷い、無駄とわかっても辛い現実を闘ったのではないでしょうか。実際には、自粛の期間中、ラグビーの練習を必死でやるか、進学のための勉強をやるかで迷い、集中力を欠いた精神状態になったのではないでしょうか。

これではあぶはち取らず、どっち付かずになると、悩み、迷い、進学を決めた。

「自分ではコントロールできないこと」を嘆き、心配し、不安になるのは現在のエネルギーを殺ぐことです。それは現在だけではなく、未来をも殺《そ》ぐことにつながります。

いくら自分が頑張っても、どうしようもない現実というのはあるものです。

オリンピックを開催するか、延期、あるいは中止するかといったことにしても、選手が何が何でもやってほしいとか、逆に、絶対にやるべきではないと言ってみたところで、自分の力ではどうすることもできない。

何があっても店は閉めたくない、営業を続けたい、従業員を路頭に迷わせたくないと思っていても、緊急事態宣言のようなものが出されれば、それに応じざるを得ないというのも同じです。

そうした**不可抗力な状況に対し、無駄な抵抗に多くの時間やエネルギーを費しても現実は思うようにならない**。そして焦りと不安が募る。

そんなときは諦めが肝心です。どうなっても自分のせいじゃないのですから、なるようになる、ぐらいの気持ちが大切です。

福岡選手は、今現在、集中して受験勉強に取り組んでいることでしょう。

自分の大切な未来の仕事のために。

他人の不安に巻き込まれないために「マイナスカード集め」のクセをつけない

コロナ禍では感染不安、経済不安・家族問題不安（家族の問題が表面化してくる不安）、仕事不安（慣れないテレワークなど）と、いろんな慣れない不安が私たちを襲いました。「うちの会社、大丈夫？」もあるでしょう。テレワークによって以前より効率重視になり、会社にいるほうが楽という人もいるでしょう。飲み屋でストレス解消ができない。「ああ、ビール飲みてー」などなど。

また上司の不安、イライラが募り、その不安が八つ当たり的に部下に向かうことも増えたようです。

そんなときは、上司が何に不安を感じているのか、わかる範囲で知ろうとする努力も大事ですし、どうしてもわからなければ、もうコロナと同じ自然災害とあきらめ、頭をひそめてスルーするのもいいでしょう。

イラついたり、怒ることが頻繁《ひんぱん》な上司は、それだけ不安を抱えています。後で詳しく述べますが、不安はうつりますから、その不安に巻き込まれないようにしましょう。

不安や恐怖に直面すると、嫌悪、不安を処理する扁桃体や帯状回が反応します。そして、それを思い出すときには、快感を司る側坐核が若干反応するので、ある種の気持ちよさも生まれます。

こうなると**不安になることがクセになり、マイナスのカードばかり集める**ようにもなってしまいます。とくにＨＳＰの人はその傾向が強いのです。

脳は一つのことにこだわり始めると、そのことが頭を離れなくなり、同じような類の経験を脳のなかに集めはじめる傾向があります。

これはモノに関しても同じです。つまりはコレクターやオタク。

物事を成すには、長く続けることや集中力は欠かせない能力で、大きなことを成し遂げる人にこの能力は不可欠です。ですから、こういう傾向がある人は、それを良い方向に伸ばしていくことを一度考えてみるとよいでしょう。

集中することが得意、やり始めるとずっと続けてしまう、という傾向を利用して、欲望をコントロールしている人もいます。

たとえば、ゲームがやめられなくなる。そんなときには、お腹が空いた、トイレに立つ、などの自然現象で中断せざるを得ないときを利用し、そのまま、別のことをしてみましょう。

ほかの自分の好きなこと、たとえば散歩、読書、ビデオ、身体を動かす。

自分がこれまで夢中になったことがあることをやってみる。

すると、こういう人は今やっていることに夢中になる傾向があるので、自分にとってよくない習慣を、ほかのことに移動させていくことができるわけです。

こんな自分の傾向を利用することで、いろんな才能を開花させた人もいます。その典型がいわゆるマルチタレントです。

コロナ禍で生じた慣れない仕事、働き方で戸惑ってたり、上司の不安がうつりそうになっている人は自分が好きな別のことに集中してみるのもよい方法だと思います。

とくにＨＳＰ傾向のある人は、集中することが得意なはずですから、その特技を良い方向に生かすことを考えてみてください。

CHAPTER 2

お金の不安

「お金がないから不安」という人は多いです。
でも、本当に原因はお金なのか？
今一度、見つめ直してみましょう。

預貯金が少なく、老後が不安
お金はあってもなくても人は不安になります

次は「お金の不安」です。

人生にお金の不安は付き物でしょう。よほどの資産家の家に生まれた人でもない限り、お金の不安を感じたことのない人など、まずいないと言ってもいいのではないでしょうか。

預貯金の多い少ないは、年齢にあまり関係ありません。ローンや教育費に押しつぶされている中高年のほうが預貯金は少ないとのデータもあります。

よほど人生設計がしっかりしている家庭以外は、ローンや教育費などで「今の貯金に満足している」との言葉は出てこないのではないでしょうか。

先に「日本人は不安遺伝子を持つ人が多いようだ」というデータを記しました。

そうした遺伝子があることが、お金のあるなしに関係なく「幸福度」「満足度」を下

げることに加担しているとも言われています。

さまざまな調査がありますが、贅沢さえしなければ食べるものや着るものは豊富にあり、便利なものに囲まれ、日々の暮らしに困窮している人が多いとは言えないのが今の日本人です。それでも「幸福」とは感じないのは、**多くの人が「より良い生活」というイメージに振り回されている**からでしょう。

私自身、大学の医学部を出て、伴侶にも恵まれ、子どももその都度悩みはあったもののとにかく無事に育ち、社会人としても家庭人としてもそれなりの居場所を得ることができた。他人からすると「恵まれている」という以上の環境だったと思います。

しかし、そんな私でも、実はずっと「うつ」に悩まされてきました。何度も本に書きましたから、読んでいただいた方もいるかもしれません。

他人から見れば、浜松医科大学医学部付属病院というそれなりにステイタスのある大学病院に勤めることができた私は、何の不満があるのかと思えるような存在だったかもしれません。

しかし、それでも私は悩み続けました。

（自分なんかより、もっと立派な人がいる。もっと幸せな人がいる。自分はなんてダメな人間なんだ……）

今勤めている大学を辞めて医師免許も返上し、初心に戻って医学部をやり直そうかとまで思いつめたのです。

つまり、お金やステイタスがあっても、人間は不安になるということです。そして、日本人である私は、多くの日本人と同じ不安になりやすい体質であったということだと思います。

お金のことで不安な人は多いことでしょう。でも、そういう人がお金を持ったからといって不安がなくなるというわけではありません。お金の不安は減ったとしても、また別の不安が頭をもたげてきます。日本人はとくにその傾向が強い。まずこのことを覚えておいてください。

年齢はもう若くないのに預貯金が少ない人、コロナ不況で仕事にあぶれたという人もいると思います。仕事をやめると収入はありませんから、老後のことも不安になります。

しかし幸い、日本という国には社会保障というものがあります。雇用保険や年金、生活保護という制度です。

そうした制度がいろいろな問題を抱えていることは私も知っています。しかし、少なくとも日本は、お金がなくて明日食べるものがない人をほったらかしにする国ではありません。

バブル絶頂期の頃ほどではないにせよ、日本はまだまだ豊かな国だからです。

自分と他人と比較することは不安のもとで、将来の不安、貯金の額が少ない不安は、一般的な「〇十代の平均貯金額」といったものとの比較から出ているのではないでしょうか。

ああいうものは、一部の富裕層によって、多くの人の実感より高く出るものです。同じ比べるなら、自分より恵まれて見える人ではなく、明日食べるものもないような人が大勢いる国の人たちと比べてみてはいかがでしょうか。

そういう国の人々から見て日本人がどれほど羨ましい存在かを感じるといったことも、幸福感を上げる一つの方法でしょう（これがベストな方法とは言いませんが）。

コロナ後は、日本だけではなく世界中の経済環境がより厳しくなるとも言われています。今の現在のあなたの不安は、贅沢だったと思う日が来るかもしれません。

コロナ禍を機会に、自分の生活を見直し、今までの生活を見直し、「もうこれ以上、何が欲しいのだろう。欲しいモノはない」と気づいたという人もいます。

将来の不安という「不安の先取り」は、今のエネルギーをいたずらに消費するばかりです。

お金の不安の後ろにある本当の不安
本当の原因はお金ではないかもしれない

生活を切り詰めているのに、ぜんぜんお金が貯まらない。こうした不安も先の不安と同じですね。

ただし、前項でふれたように、多くの人はお金に対して不安を持っていますし、これだけ持っていれば不安がなくなるというものでもないようです。お金持ちは、持っているお金がなくなることを不安に感じ、もっと増やさなければこの不安はなくならないと動き回る。生活に困らないだけのお金はあるのに、体を壊してまで働く人もいます。

知人のお金持ちの女性に、海外旅行に行っては預貯金が減った、ブランド品を買っては「こんなの買っていいのかしら」と不安になる人がいます。

つまり、**何かやってたらやったで不安、また、何もしないのも不安**なのです。

未婚の女性のなかには、仕事の合間に時間を見つけては海外旅行に行く人が多いようで、自分のために自由にお金を使える20代、30代の女性はマーケットの重要な購買層になっています。

彼女たちは、将来の幸せへの投資――よいパートナーを見つける、よりよい仕事を見つける――そうしたことのためにお金を使うと言われています。ところが本音を聞いてみると、少し違っているようです。

たとえば、ゴールデンウィークに一人で過ごすのは嫌だからと海外旅行に行く。語学の勉強にもなる、今しか行けないからとか、いろいろ理由は付けますが、結局は一人で長い時間を過ごすのは苦痛だ、不安だという人が多いのです。ブランド品を買うのもストレス発散のため、自分がみじめではないと証明するためにという人も多くいます。

つまり、外見はリッチで颯爽と生きているように見えても、彼女たちもまた不安なのです。とくに常に今より上を目指すタイプの女性は、常に精神的にも不安定です。

お金の不安があるから心が不安になるとは、多くの人が抱えている問題でしょう。

ここで一つ、今自分が抱えている不安は本当にお金の不安なのか、それとも原因はほかにあるのか、一度しっかり考えてみてはいかがでしょうか。

お金の不安だと思っていたけど、実はそれは仕事の不安だった。家族関係への不安、あるいは恋愛問題の不安だった。お金に不安の後ろには別の問題が隠れているのです。

コロナでわかったお金との付き合い方
お金コンプレックス、お金アレルギーを解消！

コロナ自粛期間に、我が家は最低限、どのくらいお金があれば生活できるのだろうかと試みた主婦がいます。

彼女はいつも「お金が足りない」と不安な人でしたが、コロナ禍でいよいよパートの収入もなくなり、自分たちの生活を洗い直さないではいられなくなったわけです。夫の外食費やコンビニでのちょこっと買い、スイーツ買い、百均買い——など細かい出費を抑え、できるだけまとめ買いをするためスーパーの買い物回数も減らしました。

外食できないので、できるだけ家で簡単にできて、かつ栄養のある料理を工夫しました。といっても野菜炒めなど簡単にできる料理ほど、安く体にいいことがわかったと彼女は言います。レトルトや出来合いの総菜を買うより、旬の野菜を使って自分で作ったほうが財布にも体にもかなりお得だと知ったということです。

安いからと買っていた百均グッズも積み重なれば多額の出費になると気づき、そのような気づきを得ることが、いつの間にか彼女は楽しみになっていました。

1カ月経ったとき出費を計算してみると、万単位で減っていました。それだけではなく、これまでの食生活より安い出費で、美味しい毎日になっています。

「なんだ、これだけあれば生きていけるんだ」

以来、彼女の「お金への不安を抱えながらもお金のことは考えたくない」というお金アレルギーはかなり消えました。

家人にもそのことを説明し、自粛解除しても外食は「できるだけ控えて」とお願いしました。「あなたの健康が心配だから」と一言添えて以来、パートナーも外食を控えるようになり、メタボへの不安も減ったといいます。

どんな時代でも変化していきます。飲食業や観光業界などのホテル関係などが連日のように「去年の売り上げの1割」などと騒がれる中、デリバリー業などは活性化し、コロナ危機が新しいビジネスを生み出しました。

コロナがなくとも、10年前にはあった仕事がなくなり、以前はなかった仕事が生まれています。コロナ禍で、その変化が目にみえる形で、急速に起こっただけともいえます。

それをチャンスと捉える人も確実にいるのです。

好景気に浮かれていた時代には、他人の派手な生活と比べて不安になり、また、多くの人は暴飲暴食に浮かれ、その後遺症のメタボに悩んでいます。

今は逆に「周りの落ち込み」が報道されている時代です。人は人と比較して落ち込んだり、優越感を持ったりする生物ですが、今は「生きているだけで不安」というより「生きているだけで良し」という時かもしれません。

CHAPTER 3

誰もが抱える「人間関係」という不安

「すべての悩みは人間関係にある」

アドラーはこう言いました。

他人との関係で起こる不安は、伝染し、増幅していく。

だから、自分と他人をしっかり区別する

必要があるのです。

他人にコントロールされる」不安
「それは私の問題じゃない！」という発想

コロナ禍や震災などは自分の力ではどうにもコントロールできない天災（人災だという人もいますが）です。自分のことはある程度コントロールできても、こうした天の差配や他人のことはコントロールできない。普通はそう考えるものでしょう。

ところが、他人をコントロールすることで自分の力を誇示したり、喜びを感じる厄介な人がいます。本書のテーマでもあるＨＳＰのことを書いた拙著『「敏感すぎて苦しい」がたちまち解決する本』（廣済堂出版）で紹介した「**エネルギーバンパイア**」と呼ばれる人たちです。

私自身も経験がありますが、自分に対して悪意を持ったある人物にかかわると気分が悪くなったり、部屋の空気が変わったりします。メールや電話でもこの悪意のエネルギーは伝わるようで、彼らの言葉や、声を聞くだけで体調が崩れることもあります。テレワークが盛んになってからは、ある特定の人と長時間やり取りするようになり気分が悪くなったという人もいます。

職場のいわゆる「お局さん」や「面倒見のいい上司」といった人のなかにも、こういう人はいます。彼らは、「お茶飲む？」「なにか心配なことない？」などと一見親切そうに振る舞うのですが、その親切さの裏には「人を支配したい」との気持ち、欲が隠れていますから、やたら親切な人にはご用心です。

彼らの人をコントロールする方法は巧みです。年季が入っています。コントロールできないとわかったら、一転、「敵」とみなすのか、いじめ攻撃が始まります。

女性なら、「何気なく悪口をいう」「何気なく輪からはずす」「これみよがしに無視することで、私はこの人が嫌いなので、あなたたちもそうよね」という態度。男性なら、「皆の前で失敗をあげつらう」「大声で叱る」などです。

すべての生き物は「生命磁場」というオーラを持っていて、お互いが影響しあうのだという考えをエール大学のハロルド・サクストン教授は提唱しています。**他人からエネルギーを奪われると、その人もまた他人をコントロールすることで、自分のエネルギー**

を満たそうとします。疲れや不安によって自らのエネルギーを消耗するので、子どもや家族、自分より弱い人間をコントロールすることで満足を得ようとするのです。

つまり、一人のストレスが周りの人にストレスを与えるということです。

「すべての悩みは人間関係」と言い切った心理学者アルフレッド・アドラーは、このよ

うに「人をコントロールしたり、されたり」する関係が、人間関係を悪化、お互いに不安を呼び込んでいると喝破しました。

他人の問題や課題に首を突っ込むことで満足を得ようとしたり、相手の言葉に振り回されることで、自信喪失する、不安や恐怖を抱く。こうしたことが連鎖して、人間関係のすべてが不安を増幅させているのです。

職場の人間はもちろんですが、家族といえども、相手は自分とは違う別の人間です。ですから、他人に巻き込まれそう、振り回されそうになったら、「**課題の分離！**」と唱えてみるのもひとつの方法です。

「課題の分離」とはアドラーの教えですが、要は、相手の課題と自分の課題を分けること。「それはあなたの問題であって、私の問題じゃない」と考え、褒められようとして、相手の問題を自分に波及させないように意識することです。

島国で村社会的な同調圧力が強い民族である日本人は、「人は人、自分は自分」と線引きをすることが苦手です。だからこそ、他人の意のままにならないと強く意識する必要があるのです。

「上司に嫌われているかも」という不安
不安を増幅させない方法

どんな不安も先に言及したような2つに分けることができます。

原因がわかっている不安と漠然とした不安です。

職場の人間関係にもこの両方があります。

K君は、職場の上司に嫌われているような気がして仕方がありません。上司に書類を提出したときも、たとえば印鑑の色が薄い、曲がっているといった、K君にはどうでもいいような細かい点を指摘してきます。

では、他の人はどうなんだと密かに観察してみると、そんな細かい指摘はないようです。

何かと難癖をつける上司と接していると、この人がいる限り、自分は出世できないのではないか、部署異動させられるのではないか、リストラに遭うのではないかと、K君の不安はエスカレートしていきます。

家族など身近な人とケンカしたとき、お互いの感情がどんどん激しくなっていった経験はないでしょうか。

最初は「ここに誰がモノを置いたの？」といった些《さ》細《さい》な出来事だったはずが、相手の出方次第で、「だから何なんだよ」「置くところがないんだからしょうがないでしょ！」とだんだんケンカ腰になっていく。ついには、モノを投げたり、壁を壊したりとどんどんエスカレートしていく場合もあります。

相手の感情、気持ちはうつるだけではなく、人によっては増幅していきます。人との境界線が薄いと言われるＨＳＰ（超敏感な人）にはよく起きることです。

「**ぐるぐる思考**」とも言われ、誰か特定の人やひとつのことにとらわれてしまうと、そのことが頭から離れなくなるのです。

そうなると、その人、そのことについて、あらゆることを考え始める、こういう思考のクセは悪い方向に流れていくので、どんどんエスカレートしていくのです。

これは何度言っても言い過ぎることはありませんが、「自分が原因」というより、Ｈ

ＳＰ的な敏感さ＝気質、脳の機能が相手の不安や恐れを自分の感覚として受け取ってしまうからです。

その証拠に、何事も冷静に対処する人の前では、あなた自身も冷静に対応しているはずです。

その上司が細かいことをうるさく言うのがあなただけだったとしたら、それはあなたの不安、嫌われているかもしれないという恐れが、彼に「うつって」いる可能性もあります。

つまり、お互いがお互いの感情を増幅させあっているのかもしれません。

ですから、対処法としては、一度、意識的に（嘘でもいいから）相手に好意を持って接してみてください。

「いやあ、確かにおっしゃる通り、ハンコが薄すぎますね」

などと相手の言葉を認め、反復してみてください。

増幅するのは何も不安ばかりではありません。好意の増幅もあるのです。

憎みあうような関係だった人に対し、何かのきっかけで「案外いい人なんだな」と好

意が芽生え、次第に距離が縮まってお互いに認め合うような関係になった経験はありませんか？

「**人の感情はうつる、お互いに増幅していく**」と覚えておいてください。

「部下とのコミュニケーションがうまくできない」不安

相手の言葉の反復は人の気持ちを和ませる

有能なカウンセラーは、クライアント（患者）の言葉をそのまま反復していきます。

「私はもうダメです」

「どうしてこんなに悪いことばかり考えてしまうのでしょうか」

相手のこんな断定や質問まがいの言葉を否定もしない。そして、質問に答えることもしない。

「そうなんですか。もうダメですか」

「どうして悪いことばかり考えてしまうんでしょうね」

そうすると、相手は、自分の言葉に自分で反応して、次々と言葉を繰り出していきます。

「私がマイナス思考なのは、○○のせいかもしれません」

「○○のせいだとなぜ思いますか？」

カウンセラーは、こうしたやり取りをしながら、クライアントの言葉や考えをプラスの方向に持っていくきっかけを与えます。

たとえば「僕は弱虫だ」というクライアント。

「そうなんですか。それって優しいってことですよね」

「自分より相手の気持ちを優先させるからですよね」

こんな具合に。


相手の言葉の反復は、相手への強い興味と関心を示しています。言葉を覚え始めた幼児が、親をはじめとする周りの人たちの言葉をひたすら反復するのと同じです。

「びっくりしたね」と母親が言えば「びっくりしたね」と同じ言葉を口にします。

これは、言葉を獲得するというより、まずは相手への絶対的な信頼を表すものです。

学術的には、意味を伝えようとする言葉以前の会話を「**交話的コミュニケーション**」と言います。ある学者はその例として「新婚夫婦」や「老夫婦」の会話を挙げています。

「あなた、いい家ね」
「そうだね、いい家だね」
「ここであなたと暮らせるのね」
「そうだよ、暮らすんだよ」

これは新婚夫婦の会話。

「ばあさん、葉っぱが黄色くなってきたね」

「そうですね、黄色くなってきましたね」

「そろそろ寒くなってきたね」

「寒くなってきましたねえ」

こちらは老夫婦の会話。

映画ファンならどこかで聞いたやり取りだと思うかもしれません。世界的に名高い映画監督・小津安二郎は、こうした交話的な会話を使って夫婦や恋人の愛情を表現した初めての監督ではないでしょうか。

苦手な年下の部下とのコミュニケーションには、この相手の言葉を反復する方法を試してみてください。

「B係長、きのう、○○のコンサートに行ったんですが、ホント、カッコよかったですよ」

「そうなんだ、カッコよかったんだ」

「昨日のドラマのあの人。ああいう人が上にいたら、ほんと、仕事頑張っちゃいますよ」

「そうか、頑張っちゃうのか。それはいいね」

世代が違うと、言葉遣いも、興味の対象も違ってきます。無理して彼らの話に合わせるよりも、相手の言葉を反復するのがベストです。

「近頃の若い奴らは」とか「そんなことにうつつを抜かすからミスするんだ」などとの上から目線はご法度。それこそ反復されてしまいますよ。

ＨＳＰ特有の不安
同僚の声、匂いが神経に障り、仕事に集中できない

コロナの影響は至るところに表れています。これから先は、さまざまな問題が出てくると思われます。

テレワークが広がる一方で、まだまだ会社通勤のサラリーマンも数多くいます。ＨＳＰの人にとって、人との距離を保てる、保たなくてはいけないという意味で、コロナ禍をメリットとして捉えるようにしている人もいます。

片や、以前は気にならなかった同僚の声や咳、あくびなどの動作がよけいに気になるという人も増えてきました。人から感じる不快感が、コロナ禍で増幅したとも言えます。

コロナ禍以前には、平気とは言わないまでも我慢できた通勤ラッシュが、もう嫌でたまらなくなった、会社に行くのが苦痛になってきたと感じる人もいます。

あれだけの人の密接状態のなかでコロナがうつるかも、という不安もあるのですが、それに加えてコロナ禍でより敏感さが増した人もいます。

たとえば、机の前には飛沫防止シートが使われていても、視覚が遮られるわけではなく、敏感な人にとっては、目に見える人の不快な動き——貧乏ゆすり、あくび、しょっちゅう身体を動かす——などによる不快感がシートを通り抜けて向かってくるのです。

直接に匂いをキャッチしていないのに、汗かきの同僚や上司の汗を拭く動作から、その匂いまでが伝わってきます。

そうなると、嫌だなと感じる自分の感情が相手にも伝わるのか、相手が自分を見る目つきや態度から、自分もまた嫌がられているのではないかと感じる。

私自身も何度もこんな経験をしています。

たとえば、電車のなかで化粧している向かい側の女性を何気なく眺めていると、相手がふと顔を上げてこちらを見た。

そのとき彼女が「何、見てんだよ！」と凄んだのです。

びっくりした私は思わず隣に座っていた女房を見ましたが、彼女は平静なままです。私にだけ彼女の声が聞こえた、いや、聞こえたように感じたのです。

人間の間には、科学ではまだ説明できない電磁波のようなオーラがあります。

脳科学者である私が、こういう「非科学的」な体験をしたり、口にしたりできるのは、私自身が実際に、そんな経験をしているからです。

そういう体験をすると敏感なＨＳＰの人たちは、自分はどこかおかしい、不安過ぎて変になったのかと思いがちですが、こういうときこそ自分を客観視し、「また起きたな、珍現象」と思っていればいいのです。

「そういう対処が難しいのがＨＳＰなんですよ」

私もＨＳＰを自認していますから、こういう声はもちろんわかります。そうですよね、不安や恐れが体じゅうを支配し、なかなか俯瞰した気持ちになれないのがＨＳＰです。

ただ、自分はそういう気質（性格）を持っている人間なんだと自覚するかしないかではだいぶ違うのも事実ですから、**一日一度は、自分はHSP的気質を持った人間なんだ**

と意識してみるといいと思います。

現実的な対処法としては、不快なオーラを感じる人が目に入らないようにする。机の場所を変えてもらうなどが考えられます。

そのとき理由を正直に言う必要はなく、ほかの席のほうが落ち着いて能率が上がるとか、もっともらしい理由を言えばいいと思います。それさえ言えない人は、目の前のアクリルシートに自分の好きな景色、癒される動物などの写真を貼るという方法もあります。

「がみがみ言われる」と不安になる
普通の音声で説明して欲しい

ある企業に勤めるＡさん（32歳）は、部署が変わってから上司に注意、叱責されることが増え、いじめに遭っているのではないかと不安になっています。

そのせいで、仕事のちょっとした区切りがつくと、ひと息つきにデスクから離れ、喫煙場所に行く回数が増えてしまいました。

憂鬱な気持ちのままデスクに戻るＡ君ですが、その上司がほかの人を注意しているのを見て、あることに気づきました。

その上司の声です。

少し高い声、それに早口。そして、がみがみと頭ごなしに自分の思いを口走る上司。

その「がみがみ」音声に圧倒され、彼の言葉の内容が自分の頭になかなか入ってこない。

話の内容以前に、そうした上司のしゃべり方が嫌な気持ちを掻き立てていた。彼の声がA君には苦手だったことがわかったのです。

幼い子どもは、親の意向をその内容より、音声や表情で理解します。

「何度も言っているのに、まだわからないの!?」

誰かを叩いた、人のものを取ったなど具体的に行動を示し、「これはいけないことだよ」と諭《さと》す親。しかし、何度も同じことを言わないとなかなか理解できない。それには、彼らなりの理由があるのです。

感情的に注意すると子どもが大人しくなるのは、言っている内容を理解したからではなく、相手の声や表情や感情におびえているからです。

その結果、理由もわからないまま、不安感情だけを「育てて」いく。目の前の親をはじめとする、自分の生存権を左右する人の顔色を伺うようになっていく。

これをやりすぎると、「周りの空気を読みすぎる人」に育っていく傾向があります。

HSPと言われる人、人一倍繊細な人というのは、大人になっても、自分のなかに「子どもや幼児」を抱えています。

しかし、それは決して悪いことではなく、人の気づかない「真実」に気づくことが多いのです。

「そうか、自分は上司の言葉に不安を感じていたのではなく、あの声に圧倒されて、彼が何を言おうとしているのか、頭が回らなかったのだ」

自分が置かれている状況を、他人がそうされているのを観察してそう気づいたA君は、次に注意されたとき、彼のカン高く、「がみがみ」という感じのしゃべり方を頭のなかで除外し、その奥にある（音声抜きの）言葉の内容のみに集中するようにしました。

そうやって集中しているうちに、不思議と不安はなくなっていました。

内容に集中することが不安を追い払ったのです。

CHAPTER 4

女性の不安

浮気、ダイエット、片付け……。
女性に多い不安の根は深く、
じつは人間関係だったり、口グセだったり。
不安の根っこにあるものを考えてみましょう。

パートナーへの不安
不安とは実物よりも大きく見える影

何気なく見てしまった夫のスマホ。特定の女性との親し気なメールのやり取り。ざわめきはそのときから始まりました。

そのメールのやり取りを知ってから、浮気をされたのではという怒りより、夫にとって自分の存在が空気のようなものになった、ただの子育て、家事だけやっていればいいんだと言われたような気になった彼女は、とても空しい気分になってしまいました。

怒りを感じるのは、夫の存在を大切に感じているからで、それならまだいい。しかし、怒る以前に、それまで一生懸命にやってきたことが馬鹿らしくなってきたのです。

夫の匂いが気になり始めたのはその頃です。夫の匂いがいきなり鼻につくようになったのです。これは加齢臭？　中年でそろそろ加齢臭が出るようになったのに、それに気づかず浮気とは……。

最初は、夫が浮気しているかどうかを匂いで確かめようと、無意識のうちに匂いに注意を向けていたのかもしれません。しかし、浮気臭どころか、加齢臭！

一時期、思春期の娘が「お父さん、臭い！」と騒いでいたことがありましたが、当時はテレビでもよくあるシーンだな、「思春期の子はそんなもんだ」と聞き流していただけで、自分ではそれほど感じませんでした。ところが、それが気になって仕方なくなってしまったのです。

彼女は子どもの頃から匂いに敏感で、冷蔵庫にある傷みかけた食べ物をいち早く見つける「能力」がありました。音や色にはそれほど反応はしないのですが、ＨＳＰの中の匂いに敏感なタイプなのかもしれません。

原因がわかったのは、夫から「もしかしたら早期退職するかもしれない」と告げられたときです。夫自身が、そのことが不安で仕方ないという一種のストレスから体臭が変わってきた。そして、彼女は夫の体臭の変化をいち早く感じ取ったのです。

垣間見たメールのやり取りは、実は夫の昔からの知り合いの女性で、今はある企業の幹部になっていたこともわかりました。

女性とのメール＝浮気と思い込んでしまった彼女は、ホッとすると同時に「今は女性も活躍する時代なんだ。でも私は……」と、違う原因で落ち込んでしまいました。

幸い、夫は転職先も目途がついているようでした。転職するところがあれば、とりあえずは安心だわ。こう思い直した彼女は、子どもに手がかからなくなったので、今からでも自分で何かやってみたい、やってみようと思うようになったのです。

あれほど鼻についた夫の匂いは、ストレスからくるとわかった途端に、嫌な匂いには感じなくなってきました。むしろ、大きなストレスを感じながら、心配させまい、はっきりするまで黙っていようと自分に告げなかった夫が可愛そうにも思え、見直すような、いろんな感情が湧き起こってきます。

家族や身近な人への不安は、その人を見直すきっかけを与えてくれます。

なぜ、この人に不安を感じるのだろう？

それはあなたのなかのアラームが点滅しているからです。

あれこれ想像していたときに影のように迫っていた不安は、はっきりしてくると現実的な対処の方法を考えるようになります。

不安とは影のようなもの、実物よりずっと大きく見えるのです。

ダイエットがもたらす不安
「痩せたい」の奥に隠れている不安

痩せたい、でも痩せられない。

「こんなに太っていたら、好きになってくれる人はいないだろうな」

だから痩せなきゃ。でも今まで何度も失敗しているから、始めてもまた失敗するかもという人がいるでしょう。

じつは、ダイエットに関する不安の奥には人間関係の悩み、不安が隠されているのです。

まず、「痩せたら好かれる」「痩せたらきれいになれる」の多くはあなたの思い込みです。ダイエットに成功した人が好かれる理由は、痩せたという自信がつくからです。

自信が人を変える。自分はやり遂げたという自尊感情が、周りの人からの好感を得るのです。

現在は、渡辺直美さんやマツコ・デラックスさんなど、痩せていなくても好感度の高いタレントはいます。彼女たちは、「美しく太っている」のではないでしょうか。いや、僕は彼女たちが苦手だ、という人はもちろんいるでしょう。それはどんな美人でもイケメンでも同じです。

すべての人に好かれ、賞賛される人はいません。どんなに好感度の高いタレントや俳優でも嫌う人はいます。

誰に好かれ、誰に嫌われるのかは、あなたの問題ではありません。多くの男性は痩せた女性より、ぽっちゃりタイプを好ましいと感じているとのデータもあります。

ある女性は、コロナ自粛の期間に外食できないので「おうちご飯」を作っているうちにどんどん健康的になり、売っている総菜の味が強すぎると感じるようになっていったといいます。外食をはじめ、売っている総菜は最初の一口を美味しく感じさせるために味が濃い目になっています。

彼女はおうちご飯を作って食べているうちに健康になり、体重も減っていきました。

こうした効果がわかるようになると、もっと効果を上げたいとストレッチや運動をするようになり、それが気持ちがいい。今では薄味と運動のない日は気持ちがすっきりしないと感じるほどになりました。

それでスラリとしたわけではなく、むしろぽっちゃり体型からだんだん筋肉が付いてしっかりした身体になったのです。それで自信もつき、最初に目標とした「痩せ型」タイプはむしろ不健康に感じるようになりました。

「ダイエットより健康」

「痩せているから好かれるわけじゃない」

頭に浮かべていたのは、この2つの言葉だと言います。

キーワードを口癖にする方法は、ダイエットだけではなく、いろんな不安に応用できます。

結婚を焦る場合は、「結婚したからといって幸せになれるわけではない」と唱える。

今付き合っている人はいるけど、このままの自分でいいだろうかと不安になっている人は、「愛されなきゃ」と思うからこそぎくしゃくするのです。

そういう人は「この人といると楽しい」と唱える。

ついでに、婚活や合コンなどのコツを教えましょう。

こういうときに不安が先に立つ人がいますが、まずは自分が楽しい気分で相手に接することです。

あなたが不安だと相手も、自分が好かれているかどうか不安になります。不安も緊張も、あくびと同じように「伝染」するのです。

だから、**自信がなくても自分が好意を抱かれていると思い込む**。すると、お互いにリラックスします。

そして自然な自分になる。相手に自然な好意を示す、聞き上手になる、相手の言葉に笑う、などが有効です。

一緒にいて、自然に接してくれる人は、相手をもリラックスさせ、いい関係が築けます。

「自分のために時間やお金を使う」不安
自由は不安をもたらすものです

末の娘にようやく手がかからなくなったGさんの話です。これで、やりたかったことと、行きたかったところに行けると、Gさんは気持ちが弾む思いでした。しかし……。

「今度、あの温泉に行かない？」

夫を誘っても乗ってきてくれません。

「行きたければ、誰か友だちを誘って行けばいいよ」

たまに食事をする友人はいますが、一緒に旅行したいほど仲がいい友達は、まだまだ何かと忙しい最中です。かといってひとり旅をしたい気持ちはありません。

結局、温泉旅行は諦めたGさん。毎日、たいぶ楽になった家事を早めに終えて、ゆっくり珈琲を飲んでいると、それだけでなぜか不安になってきます。

「こんなにゆっくりしていいのかしら……」

「ほかにもっと大切なことをやり忘れていないかしら……」

ずっと家族優先でやってきたGさんです。家のローンに子どもたちの教育費に日々の賄い。自分の洋服は我慢して、キッチングッズなども百均で買うようにしていました。たまにシャレたものを見つけて欲しくなると、「これは役に立つから、少し高価だけど、家族みんなが使うから買ってもいいわね」と自分に言い訳していました。つまり、いきなり自由にしていいよと言われても戸惑うばかりで、むしろ罪悪感を抱いてしまう。Gさんはそんな女性でした。

実は、これはGさんに限ったことではありません。

不思議なことに意外に多くの人が、**自由が与えられたり、望みが叶うと嬉しい反面、逆に倦怠を感じたり、自由から逃げたいと願う**もので、うつ傾向になることも珍しくはありません。希望の学校や会社に入ってしばらくすると、気分の落ち込む人が増えてきます。以前は「五月病」などと言われていました。

目標を達成してしまうと、自分が何をしていいのかわからなくなるのです。フル回転で走っていた車をいきなり止めると、エネルギーの行き場を失い、内部=自分の内面に向かうのです。目標に向かって進むことで、考えなくてよかった内部の問題が出てくるケースもあります。

自分のために時間やお金を使えることは、本来大きな喜びのはずです。そのことに罪悪感さえ覚えるのは、どこかで「人のために生きる」ほうが自分のために生きるより「立派」なことだと教え込まれたからでしょう。

もちろんこの刷り込みを完全に払拭するのは大変ですし、また、そうする必要もありません。自分よりも「人のために」と思う気持ちは尊いものです。外国人が日本人のメンタリティを称賛するときにまず言うのは、自己中心的でなく、自己犠牲の精神が発達していることなのですから。

この日本人の良さはキープしたまま、しかしそれが行きすぎている人は、少し自分の気持ちを優先することを覚えるのが、自由への不安を軽減させるコツだと思います。

まずは自分が心から気持ちいいと感じることを、たとえばお風呂に入る、花を育てる……どんな小さなことでもいいので、やってみましょう。自分が素直に「気持ちいいと感じる」ことに理由や理屈はいらないのです。今まで家族を大切にしてきたように、自分自身を大切にすることに徐々に慣れていきましょう。

「片付けられない」という不安
収納グッズが片付けられない

数年前から断捨離や片付けがブームになり、すでにブームを超えて定着した感もあります。

ただ、ある種の人たちにとっては、それがプレッシャーとなり、不安につながっていることもあるようです。

Fさんは、断捨離も片付けも大好きで、それゆえか「片付けグッズ」に目がなく、「片付け」や「収納」と名前がついているグッズを見ると、つい手に取ってしまいます。

ただ、ちょっと高いと感じると欲しくても買うことはなく、家には百均で買った収納品や便利グッズがあふれているという皮肉なありさまです。

あるときFさんは、自分の部屋を見て呆然としてしまいました。

自分は片付けるのが好きなはずなのに、これはどうしたことだろうと。

一般的に、敏感なＨＳＰには片付けの好きな人が多い、と言われています。色や匂いに敏感だからこそ、部屋が整っていないと気持ちが悪いというわけです。

逆に、発達障害の傾向がある女性で、ＨＳＰとのグレーゾーンにある人には、片付けや料理などの段取りが苦手というタイプがいますが、逆に、整理整頓しないといられない、というタイプもいます。これは、ある一つのことにハマるタイプで、たまたま片付けや断捨離にハマってしまったわけです。

こうなると、一方で片付けに夢中になりながら、もう一方で収納グッズなどを買うことにもハマってしまい、家の中が収納グッズであふれて片付かないなどという矛盾した人も出てきます。

「片付けが好き」なことは一貫しているので、自分でもマッチポンプ的な傾向に気づかないのです。

Ｇさんが不安を感じはじめたのは、そんな自分に気づいたからです。

このままでは、収納グッズに埋もれてしまう。

片付ければ片付けるほど、モノが増えていく。

断捨離や片付けがブームになり「ミニマリスト」という、モノを持たずに生活している人たちが一躍脚光を浴びるようになりました。

彼女たちは、ブログやツイッターで自分の生活を発信していますが、アフェリエイト、つまりフォロワーに「便利グッズ」を紹介することでいくらかのお金を得ていることもあって、次々と「便利グッズ」を紹介しています。

こういう人たちが紹介するグッズを見ると、Gさんは欲しくてたまらなくなるのです。

でも、このまま便利グッズを買い続けて、部屋に溢れたらどうしよう。それ以前に、私は本当に部屋をきれいにできるのだろうか、と不安になってきます。

「片付けが不安だなんて微笑ましい不安ね」と思う人もいるかもしれませんが、不安というのは当事者でないとその度合いが測れないもので、他人からみたら幸せな不安、贅沢な不安も、当事者にとっては深刻なことがよくあります。

私も国立医大病院の研究者という、他人から見たら恵まれた立場にありながら、ダメだダメだと自己否定に陥った経験がありますから、「たかが片付けじゃないか」などとはとても思えません。その人にとって不安なものは不安であって、一般論で言うのは間違いだと私は思います。

で、片付け不安の処方箋ですが、このような不安を抱える人は、まずは自分が本当に必要なものと、片付るために必要なものとを分けてみましょう。

そしてしばらくは、**どんなに便利だと思ったものでも買わない、今あるものでやってみる**、を繰り返す。

これをやってみることです。すると元来、集中力があってハマりやすいタイプですから、そういうポリシーを決めてやっていることに必ず面白さを感じてきますし、意外な発見も次々にすることでしょう。

そうすれば、「片付けることで片付かない」という大いなる矛盾も解消し、精神的な意味でも、実用的な意味でも不安が解消していくはずです。

言葉のクセが不安を招き寄せる

「○○したいのに○○できない」と言うのをやめてみる

「ダイエットしたいのに、できないかも」
「告白したいのに、勇気がない」
「結婚したいのに、相手がいない」

こんな「○○したいのに、○○できない」という口グセをやめてみましょう。

少し前に、適齢期の女性をターゲットにした漫画&ドラマ『東京タラレバ娘』が人気になりました。

「もう少しきれいになったら」
「○○になれば、幸せになれる」
「あのとき、結婚していれば」
「彼がもう少しお金を持っていたら」

「もしこうだったら……」と現実には実現しなかった願望を、もし実現していたらもっと幸せだったのにと後悔する女性たち。

適齢期を過ぎた彼女たちは、ある男性に「そんな言葉ばかり使うから幸せになれないんだ」と言われ、自分のクセを見直していくというストーリーです。

不安に感じるのは、自分の口グセのせいかもしれません。

というのは、口グセはその人の考え方、思考法を無意識のうちに表しています。

「ダイエットしたい」は、自分の素直な願望です。

「ダイエットしたいのに」の「のに」は、自分のなかの「何か」がその願望、願いを邪魔しているということですね。

何が邪魔しているのでしょうか。不安、恐れ、恥ずかしさといったものでしょうね。

不安と恐れ、恥ずかしさは、実は同じ感情のバリエーションです。

恥ずかしい思いをしたくないから不安になる。

恐れと不安、そして恥ずかしさは仲のいいきょうだいといったところでしょうか。

どちらが強いにせよ、いつも一緒にいるのです。

このような**不安や恐れを表す言葉をやめて、希望や願望を素直に、ストレートに出してみましょう。**

はっきり言葉にするとより効果があります。

「ダイエットしたいな」

「告白したいな」

「結婚したいな」

それだけでOKです。

「○○したいのに」は必要ありません。

もちろん「痩せたいな」と言っただけで痩せるわけではありませんが、その願望を素直に表現することで、意識が変わります。

「痩せたい！」……「じゃあ、痩せるためには何をしたらいいの？」

「告白したいな」……「いつ、どうやって？」

などと自問しながら、その方法を考えることに頭を集中してみましょう。

きっと、思わぬいい答えが出ますよ。

CHAPTER 5

原因がわからない不安と対処法

直接的な不安の原因は何もないのに、
不安になる人がいます。
「あなたに何の不安があるの？」と言われるような人にも、
不安は襲いかかってきます。
そんな人は、不安を「見える化」することから
始めましょう。

「不安は解決したはず」なのに不安　自分がどのパターンかによって解決法が違います

現実には不安はないのに、不安を感じる人がいます。「不安がないことが不安な人」とも言えますが、「普通の人」からしたら理解に苦しむ感情かもしれません。

さらに言えば、金銭的にも愛情の面でも恵まれているように見える人のほうが不安は強いようです。

これにはいろいろ理由はありますが、たとえば次のようなことが考えられます。

◎──完璧志向の人

「カンペキ志向」を持っている人は決して満足することはありません。世の中にカンペキな状態はないものだし、カンペキな人もいない。どんな人にでもその人より優れた人はいるからです。

小学校時代に勉強ができると優越感に浸っていても、中学、高校と優秀な学校に入れば、自分より優れた人は何人もいます。それが不安や劣等感を呼び起こし、挫折していく例は枚挙に暇がありません。

親に殺されてしまった事務次官の息子は典型的な例かもしれません。

優秀な父親と常に比べられ頑張ってきたものの、あるとき、頑張りの糸がぷつんと切れてしまう。

周りにもっと彼の気持ちを理解できる人がいれば、ああいう悲惨な事件には至らなかったのではないでしょうか。

レベルの違いこそあれ、どこにでもイチローや大谷翔平のように、「かなわない」と感じる存在はいるということです。

不安が常態化している人

不安に慣れ過ぎて、不安がなくなると、そこにどんな感情を入れたらいいのかわからないという人もいます。

極端な例ですが、アウシュビッツなどの強制収容所に長い間入っていた人は、解放された後もなかなか安心することはできません。収容所にいたときの「いつ死ぬかわからない不安」に慣れ過ぎているからです。

長い間、不安な状態を過ごしてきた人は、今はもう安全とわかっても安心できないのです。

アウシュビッツから生き延びたオーストリアの精神科医・心理学者のヴィクトール・フランクルは、二つの方法を使って強い不安を除く治療法を提案しています。

一つは**「逆説志向」といって、本人が不安や恐れを抱くことをわざと積極的に望んだり、そういう場所に行ったりする**ことです。

たとえば、人前で話をすることに不安を抱く人は、「さあ、人前で話すときには、めいっぱい緊張してやるぞ」と自分を鼓舞激励してやる。

「もっと緊張してみよう、こんなもんじゃない、本当はおしっこが漏れそうになるくらいだろう」「もっと緊張して手足がぶるぶる震えて、皆を驚かせてやるぞ」などと自分を茶化し、緊張を客観的な目で見るのです。

「ああ、不安だなあ、恐いなあ、どうしたらいいんだろう」

さあ、不安だとなったとき、こんなふうに声に出してみるのもいいでしょう。

「こんなことを口に出せるようになったんだよな〜」

などと、自分をほめる言葉を加えてもいいでしょう。

最初は一人の時に声を出して練習してみましょう。

◉──自意識過剰な人

不安になりやすい人は、自分への関心が非常に高く、自分のことばかり考えている傾向があります。

「こんな幸せなことが自分に起きるなんて、何かの間違いだ」

「自分に何が起きたのだろう」

などなど、いつも自分の内面ばかりに注目する傾向があります。

自意識過剰といってもいいのですが、その場合は「自己超越」の方法が効果的です。

自分の今の状態やこれから先のことを考えてばかりいるのではなく、他者や社会に貢献するために自分がやるべきことを考え、それに集中、没頭するのです。

そもそも私たちはしばしば「不安だ、恐い」というけれど、なぜ、そう思うのでしょうか。

たとえば、今の彼（彼女）との生活が壊れるのが不安だと思うのは、相手を大事に思っているからです。それなら相手を愛すること、喜ばせることを考える。

願いが叶って目標がなくなったというなら、なぜ、その学校に入りたかったのか。なぜその仕事に就きたかったのか、という最初に立ち返り、自分がやりたかった原点を見つけるのです。

「私たちが不安から逃れるためには、自分のどこが悪いのかと自己反省することではなく、またどこが足りないのかと自分の内面ばかりを見つめるのではなく、自分なんかどうでもいいと、自分を突き放し、放棄して、もっと価値あること、仕事や愛する対象に自分を委ねればいい」

先にふれたフランクルはこう言っています。

つまり、**「自分なんかどうでもいいや」と「自分」というものを突き放すこと**。これは私のやっている禅にも通じる言葉です。

たとえば、恵まれすぎて不安だと感じるなら、ボランティア活動に身を投じてみるというのも一手でしょう。

「暗闇を見つめすぎると、その暗闇に飲み込まれてしまう」という言葉があります。自分のなかにある不安を見つめすぎると、その不安に飲み込まれてしまうことがあるのです。

先にもふれた「マイナスのカード集め」も、こういった人にありがちな傾向です。

マイナスのカード集めとは、嫌なことが起きたときに「やっぱりね」、次はどんな嫌なことが起きるだろうと、マイナスの出来事を集めてしまうことです（拙著『「敏感すぎて苦しい」がたちまち解決する本』を参照してください）。

脳科学的に言うと、これは、脳のなかの不安を司る扁桃体と同時に、快感を司る側坐核が若干反応するから起こることです。

脳の仕組みとは厄介なものです。嫌なことを思い出す傾向があるのは、楽しむ気持ちがどこかにあるからです。

こういう人は、「集める」こと自体が快感なのです。それならマイナスのカードを「プラスのカード集め」に変更するようにしてみましょう。

「メールの返信が来ない」不安 自分中心の思考を手放す

「メールの返信が遅い、なかなか来ない」と不安になる人は多いようです。LINEなどで「既読」になっているのになかなか返信が来ないと不安になるのも同じです。

こういうとき、それは自分のせいだ、自分が送ったメールに原因があると思うのを止めてみましょう。

まずは先に述べた**「すべてを自分中心に考える」クセを手放してみましょう**。相手に焦点を当て、想像力を巡らせてみるのです。

相手も忙しいのかもしれない。何かをやっていて手が離せない状態にあって、それが長引いているのかも……。それでも気になるなら、こちらから再度連絡してみればいいのです。仕事関係なら、たいていの場合、すぐに返事が来るのではないでしょうか。

自分が相手より弱い立場にいて、放っておいてもいいと思われているんじゃないかと考える場合は、自分にとっては大事なことだと思うなら、電話で直接連絡を取ってみましょう。

よくいるのは、恋愛関係の中で自意識やプライドが働いて、こちらから電話なんかできない、という人でしょう。そんな人は、なぜ、これほど相手からの返事を待ちわびているのかを、よく考えてみましょう。

相手が本当に好きだから。

大事に思っているから。

そうでしょう。でも、だからこそ返信が来ないのは、プライドが許さない。自分がこんなに思っているのに、その自分を放っておいてあなたは平気なの？　と感じてしまうのです。しかし、どんな相手であろうとも、返信が来ないこと自体に傷つくのは、かなり自己肯定感が低いですね。

相手に多忙だとか病気だとかの理由があるかもしれないのに、勝手に自分が相手に嫌われているかもしれないと思い込み、傷つく。それは、普段から「本当は自分は嫌われているんじゃないか」といった不安を抱いているということですから。

メールが返って来ないから不安だと感じた、この機会を「自己肯定感を高める」ためのレッスンだと捉えてみてはいかがでしょうか。

自己肯定感を持つための方法は簡単です。

とにかく**自分が気持ちがいいと感じることをやってみる**のです。

先にも記しましたが、風呂に入る、音楽を聴く、運動をする、手仕事をする。そういった自分が「気持ちいい」と感じることに意味や意義を付けずに、「気持ちいい」だけを優先する。「気持ちいい」という感情を大事にするのです（これについては拙著『ＨＳＰとうつ　自己肯定感を取り戻す方法』も参考にしてください）。

何も考えず、気持ちいいことをしている間にいつの間にか時間が経って、メールの返信のことなどすっかり忘れていれば成功です。

毎晩帰ってくるのが遅いパートナーを不安になりながら待ち続けていた奥さんが、手慰みに刺繍を始めて、ついに刺繍教室を持つまでになったとの例もあります。

それでも気になるなら、相手にメールではなく直接聞いてみましょう。

えっ、そのために「会って話がしたい」とメールをしても返事が来ない？　それが恋愛関係の相手なら、残念ながら、相手の気持ちは冷め始めているのかもしれません。

辛いことでも、原因がはっきりわかれば、それはそれでどう対処すればいいのか考える糸口になります。何も行動しないまま、もやもやとした不安を抱えているよりはずっとまし。「じゃあ、どうする?」と、次の行動を考えればいいのです。

人と会って別れたあとに感じる不安
他人の感情を気にしすぎる人の対処法

人と会っている間は楽しいのに、別れたあと、いきなり不安になる。

最近は、こういう若い人が増えているのではないでしょうか。

相手をものすごく好き、というならまだ理解できます。付き合ってくれたものの、あれは義理だったのかな、あのときの微妙な表情は実は自分のことが好きではないのかもしれない。選んだ洋服はあれでよかったかな。もっと明るいものに（あるいは地味に）したほうがよかったかな、と自分反省会は続きます。

それだけならまだしも、次に会ってくれるだろうか、嫌われているだろうかと不安になってしまいます。

「先ほどはありがとうございます。楽しかったです。またお会いしたいです」

前項でもふれましたが、別れてすぐにメールをしたものの、返事がない、返事が遅い。また返事がありきたりな言葉だったりすると、また不安になってしまうのです。

相手のことが本当に好きならば、こうした不安を引き受けるのもある程度は仕方のないことでしょう。

しかし、好きでもない相手なのに不安になる人もいます。誰であろうと、とにかく他人に嫌われたくないと思う人です。

こうした不安には二つの原因が考えられます。

前項でも述べたように自己肯定感が低いというのが一つ。そして、もう一つは、HSP的な敏感体質であるということです。というか、そもそも自己肯定感の低い人にはHSPの人が多く、この二つは連動しています。

つまり、相手の「気」に巻き込まれがちな人なのです。

「気に入られる」とは、相手の「気」のなかに入ることで、入らないと、「気に入らない（嫌い）」と思われてしまう。人に嫌われるのは嫌だから、気に入られるように振る舞おうとするのがこうした人の特徴です。

気に入られたいと願う相手は、極端に言えば「誰でもいい」のです。とにかく、自分に好意を持ってもらわないと不安になるのです。

そんな人は、人に好かれよう、好かれようとする前に考えてみましょう。

「その人のことが本当に好きですか？」

自分を誰かに認めてもらいたいだけなんじゃないかと、自問自答してみましょう。

そして、特別に好きなわけでもなく（嫌いなわけでもないが）、自分を認めてもらいたいだけの相手なら、「あの人と自分とは別の人間である」「他人の感情はコントロールできない」と、自分に言い聞かせます。

他人の感情を気にしすぎると、かえってそこに焦点が合いすぎ、どんどん不安になっていきます。禁煙やダイエットなど、やめようと思うと逆に気になるという心理です。

そういうときには、「別に好かれなくていいんじゃないの？」と、自分や相手を突き放してみることです。

突き放すことで、相手に振り回されないための境界線をイメージしてください。好かれようと無理していない距離感です。かといって別に嫌われる必要もありませんから、意識的に相手を遠ざけるとか、無視するといったこともない距離感です。

不安を書き出し「見える化」する気持ちを楽にする「暗示」の言葉

幼い頃、親や教師に「こうしなければいけない」「こうしたほうがいい」と言われた経験は、多かれ少なかれ誰でもあることでしょう。

そんな「暗示」にかかった結果、幸せな人生を手に入れ、親や教師に感謝している人もいます。そんな人に言うことは何もないのですが、逆に、それが自分を苦しめる結果になっているのなら、その暗示こそ、さっさと捨て去っていいものです。

多くの人を苦しめたり、生きていくことを不安にさせているのがこうした「暗示」なのです。

しかし、社会や親が「いい」と思っていることを否定するのは、「自分の考え方が間違っている」「私がダメだからだ」と思ってしまう。これもまた暗示です。

心が苦しいのは、かつて親や友だち、社会などに、無意識に受け付けられた暗示が心をゆがめているのです。やっかいなのは、こうした暗示をそのまま実行して生きてきた結果、褒められた、お金が入った、力を得た、という成功体験です。

成功体験があると、人は、その同じ考えが自分を苦しめることになっても、なかなか手放すことができなくなります。過去の成功は、その「暗示」を信じ、それを実行したからこそのものだったからです。

「苦難は人を成長させる」

「負けた人は努力が足りない」

こんな格言的暗示は、うまくいっているとき、抵抗力があるときには効果を持ちますが、あまりにも苦しいことが起きたり、意に添わないこと、好きではないことに向けられると、自分を否定したり、自分には価値がないと思い込んでしまいます。

しかし、かつては成功をもたらした考え＝暗示も、時とともに状況が変わったり、自分の考えが変わったりと変化していきます。

そうした変化をまた、よくないと暗示をかける人がいるのです。利害関係が絡むと、その変化をなじる人もいますね。

これらの暗示を消し去るには、強い助っ人が必要です。

仏教の開祖である釈迦は、「心を苦しめるものはすべて間違いだ」「心を楽にする考えはすべて正しい」と説きました。

今自分を苦しめている、不安にさせている考えは、「誰かにそう思わされている暗示」なのだと理解しましょう。

つまり、気持ちを楽にする考えはすべて許されるということです。

自分を苦しめる思い込み＝暗示を書き出し、それを捨て去る。まずは自分が「生き延びる」こと、サバイバルすることを最優先にしましょう。

うつ病の療法として知られる認知療法のなかに「**作文療法**」という、何でも書いてみるというやり方があります。嫌なこと、嫌いな人、辞めたい仕事への不満……思いついたことを何でも書いてみるのです。**書くこと＝見える化**です。

自分の不安や恐れ、不満などを見える形にすることで、客観的にするのです。

「私はあの人が嫌いだ。あんな人と一緒に仕事をするくらいなら、会社を辞めてホームレスになったほうがましだ」

ある人がこう書いたとします。

最初の方の文章には納得がいっても、「ホームレスになったほうがましだ」の部分ではホントか？　と思ってしまうのではないでしょうか。書きだすことをしてみると、書いた本人が思わず笑ってしまうこともよくあるようです。

「ん？　ホームレスになるほどのことではないよな？」

「自分は、あの人のどこがどんなふうに嫌いなんだろう？」

書き出すことで嫌なことの具体が見え、それを一つひとつ考えていくと、「嫌いな原因」も客観的に考えられるようになります。

人は頭の中で考え、想像を膨らませることばかりやっていると、よりその考えに固執、執着する傾向があります。紙やパソコンに書くことで、気持ちの整理がついていきます。

認知療法では、嫌なことを書いてすっきりするだけでなく、その後、その嫌な考えを変えるための暗示をかけることも大切です。

嫌な考え＝思い込み＝暗示を消し、その上により自分を励ますための言葉＝暗示を上書きしていきます。上書きすることで、脳に、心に、しっかり刻み付けるのです。

そんな言葉の例を挙げておきます。

「きっとうまくいく」

「そのうち必ず事態は好転する」

「悪いことは続かない」

自分の経験に照らし、自分自身の言葉で暗示をかけると、より説得力は増します。

「今までだって、うまくいってきた」

「この不安こそ人からうつされたもの」

「正しいという人が正しいとは限らない」

「私は、私が好き」

などなど、自分にプラスになる言葉を自分に言い聞かせていると、いつの間にか「自分はこれでＯＫ」と思えてくるものです。

それで自信過剰になって人から嫌われないかって？　いえ、嫌われてもいいのです。まずは自分のことを自分が好きになる。これが一番大事なことです。

「相手の気持ちがわからない」不安
思い込みの正誤がわからないときの対処法

「あの人、チラリと私のことを見た。きっと悪意（あるいは好意）を持っているに違いない」――私も経験がありますが、ＨＳＰにはそんなことをしょっちゅう思う人が多いようです。こんなことも職場での不安を掻き立てる要因ですよね。

こんな人は「違いない」思考を改めないと、不安から逃れることはできません。

街ですれ違っただけで、「何見てんだよ！」と凄む人が昔はよくいました。彼らはある種の強いコンプレックスを持っているので、ちょっと目が合っただけなのに、相手は自分に敵意を持っていると思い込んでいるのです。

凄むのはちょっと困った人ですが、ちょっと嫌な感じがしたとか、恐怖を覚えたとか、個人差はあるとしても、多くの人に当てはまることでしょう。

好きなタレントが自分のほうを見た。その目には「絶対に自分への好意」が宿っていた。若い女性のこんな「思い込み」は微笑ましく感じますが、大なり小なり、多くの人は自分なりの「思い込み」を持っています。

思い込みをまったく持っていない人はいません。なぜなら、人は自分の「思い込み」によって選択したり行動したりする生き物だからです。

ただし、それが正しい場合もあれば、間違っている場合もある、ということです。

間違っている場合は訂正し、正しい場合はそのまま進む。

けれど、自分以外の人の「内面」「心」の多くは確かめることができません。

確かめる勇気がない（恋愛相手とかママ友など）、確かめる機会が少ない（職場など）こともありますし、家族でさえ、お互いある種の思い込みによって成り立っています。

相手の気持ちはわからないので、必要なことならちゃんと聞けばいいのですが、上司などに「あなたは私のことどう思っていますか。どうも嫌われているような気がするのですが」などと聞ける人はなかなかいません。

こういう場合は、もう相手の気持ちを忖度《そんたく》しない、相手の脳の中に入っていかない。巻き込まれない、自分のやることに集中する。これがベストです。

CHAPTER 6

ネット不安

ネット社会は、私たちに新しい不安をもたらしています。
悪意に満ちたコメント、相手が見えない不安。
バーチャル世界では、簡単に深く心が傷つけられます。
そんな不安への対処法を考えてみました。

「相手の言葉や行動」への不安

不安や怒りの奥に隠されている感情に気づく

不安や怒り、イライラといったマイナスの感情。その感情の奥には別の気持ちが隠れています。

たとえば、メールの返信が来なくて不安、パートナーの帰りが遅くてせっかく作った料理が無駄になってしまった。何度も返信がきていないかと覗いたり、何か相手の気に障ることを書いてしまったのではないかと、自分のメールを読み返したり。

ようやく来た返信なのに、今度は自分の感じた不安や怒りから不機嫌な返事を返してしまいます。そしてまた自己嫌悪に陥る。

夜遅く帰ってきた相手への怒りが抑えきれず、せっかく寝ていたのにうるさいなと怒りを増幅させてしまう。

「忙しかったんだから仕方がないだろ」と弁解する相手の言葉にイライラを感じると、

今度はまた相手のイライラや怒りに「どうしてあなたが怒るのよ！」とますます険悪な事態になってしまう（というか、自分で追いやってしまう）。

いろんなケースがあるでしょうが、相手の行動や言葉に不安を感じる場合、その感情の奥には別の気持ち、「もっと優しくしてほしい」「もっと自分に気を遣って欲しい」といった気持ちが隠れているのではないでしょうか。

メールの返信にしても、相手が自分より上位の人（上司とか尊敬している人）の場合、無意識のうちに返事は遅いとわかっているので、返事が多少遅れてもそれほど気になりません（緊急の場合は別ですが）。

ところが、自分の恋人や部下、気の置けない友人などに対しては「なぜ？」ということになります。

子どもたちの間では、「ラインが既読になっているのに返信が来ない、レスが遅い」ということでいじめのターゲットにされたり、逆に、自分が仲間外れになっているのではないかと不安を抱いたりすることが多いようです。

「返信が遅い！」と相手を責める傾向がある人は、その裏に「もっと私を大事にして」

という健気《けなげ》な気持ちと「私を優先しろ！」という相手を思い通りにしたい征服欲といった感情がある場合もあります。

相手の帰りが遅い場合に感じる不安や怒りも同じです。

そんな不安を感じたら、「もっと早く帰ってきて欲しい」「寂しい」「不安なの」と自分の気持ちを素直に言葉に出してみましょう。

相手のやること、言うことに怒りや不安を感じる人は、「コントロール、止めた！」「自分に集中！」といった言葉で、自分の不安や怒りを解き放ってみましょう。

理由も聞かれず相手から「レス、遅い！」「もう誘わないから」と責められた場合は、「相手も不安や緊張のなかにいるんだな」ということを察して素直に謝り、それでも相手の怒りが収まらないなら、しばらく放っておく。

そんなことをしたら、無視されたと思ってもっと怒りが増幅するのではないかと思いがちですが、そんなことはあまりありません（絶対にないとは言いませんが）。

人間の心は、渦中からいったん離れると冷静さを取り戻す。そういうケースがほとんどです。だからこそ、いったん距離をおくというのは有効な手なのです。

「ネットいじめ」の不安
ひと言に込められた悪意エネルギーの対処法

女子プロレスラーの木村花さんが、ネットでの心ない人たちの書き込みで自殺したニュース（２０２０年５月23日）は世の中に衝撃を与えました。

インターネットが日常的な道具になり、また多くの人がツイッターやフェイスブックといったＳＮＳ、また、ブログなどを積極的に使うようになっています。

そうしたネット上の交流の場で発せられた一言によっても傷つく人が増えています。そうしたものへの対処法を知っておく、考えておくのは、ネット社会を生き抜く上では重要、かつ必要なスキルになっていきます。

相手の姿が見えない匿名世界では、言葉だけが相手を知る手がかりです。自分の属性、名前や職業、家族などなど、その人を特定する手掛かりがないまま投げかけられた言葉。それが悪意に満ちているのは、暗闇でいきなり襲われるのと同じです。

アップした内容に反対意見、反論があるのはまだいいとして、それを名前も理由も説明しないまま、一言で切り捨てようとするのは、まさに言葉の暴力です。

しかし、受ける側が何を言おうと構わず襲ってくるのがヘイトコメントというものです。

何百、何千もの好意あるコメントがあったとしても、たった1つのヘイトコメントに落ち込む人は多い。

それは、コメントを出す人の強い悪意エネルギーを感じるからでしょう。ヘイトには、たった一言に強い、ありったけの悪意をこめるケースが多いものです。言葉が少ないほうが悪意エネルギーは強くなると知っているからでしょう。

とは言え、何万というフォロワーを持っているブロガーは、ヘイトコメントをも、自分への関心の高さと捉え、気にしない人がほとんどです。

「わざわざ時間を使い、私のツイッターを覗き、文字を書く。相当、ストレスが溜まっているんだなあ」と。

しかしこんな考え方も、今やのどかな考え方になりつつあるのかもしれません。言葉の暴力のあまりの執拗さに耐えかね、うつになってしまう人が増えているように感じます。そのあまりのひどさにお金をかけて追跡調査をしたところ、そのほとんどを数人の同じ人が書いていたという事例もあります。

そんなことをする人は、同じような「ヘイト言葉」をいろんなところにまき散らし憂さを晴らしているようです。

そういう客観的事実を知ることも重要ですし、何よりもツイッターやブログには、あなたを支持してくれる人もたくさんいることを忘れてはいけません。

そういう好意の人たちは、ヘイトコメントのあまりの気迫に恐れをなし、すぐには慰めの声を出せないかもしれません。

それでも仲間は確実にいます。

自分が多くの仲間に囲まれているイメージを描きましょう。

悪口は、それがたった一人であっても、ものすごく大きく聞こえます。

ですから、耐えかねるものについてはすぐに削除。あるいはヘイトな人のアカウントを特定し、同じアカウントからの投稿を拒否する。

そんなことをする人たちが怒ったり傷ついたりすることを心配する善意は要りません。あなたの心が傷つかないように、自分を大切にすることを最優先にしてください。

ネットから生じる不安やうつとは？
バーチャルとリアルのバランスが大事

先の項目を人間関係のほうから見てみましょう。これからの社会は仕事もプライベートもＳＮＳの重要性は増すことはあっても、減ることはないからです。

ＳＮＳによって生じる「うつ状態」のほとんどは、相手にされないという孤独感を抱え込んだ結果ではありません。むしろ濃すぎる（刺激が強すぎる）人間関係や他人とのかかわりが原因となっています。

今や多くの人がブログやツイッター、フェイスブック、ユーチューブといった場で、自分の気持ちやプライバシーを公開しています。若い世代だけではなく、定年を迎えたシニアや主婦も加わり、日々の生活をアップする。そこで現実の息詰まる生活のなかでの鬱屈を発散したり、備忘録、認知症予防になるなど、いいことも多いのです。

最近ではユーチューバーやブロガーと呼ばれる金銭的な利益を得る人も増えていき、

リアルな世界ではお金を得ることが苦手な人が、多くの人の共感を得ることで生きていけるというケースも増えています。

その中には、フォロワーの数や「いいね！」の数によって、自己肯定感を持てるようになった人も数多くいますし、逆に、「いいね！」の数が少ない、フォロワー数が減ったと落ち込む人もいますが、一度始めるとなかなか止められないようです。良い面、悪い面も含め、ＳＮＳの世界には明らかに中毒性があるのです。

リアルなアナログ社会よりも断然リアクションが早い、結果が目に見える。本名を名乗らなければ自分が特定されないし、失敗してもすぐに変更がきく。簡単に言えば、即効性がある。即効性のあるものは薬、アルコールなどと同様に、中毒性があることを覚えておきましょう。

アフターコロナの世界では、よりＳＮＳの世界が重要度を増していく。これは確実でしょう。そうなると「これまで経験したことのない人間関係」の在り方に、多くの人が良くも悪くも影響を受けていくことになる。だからこそ、ネット社会での人間関係のあり方、対処法を知っておくことは「転ばぬ先の杖」としても大切なことです。

SNSの一番の怖さは、その「匿名性」でしょう。SNSに夢中になっていくうちに、自分がどんどんバーチャルな存在になっていく危険もあります。

相手もバーチャルなら自分もバーチャル。発信しているのはお互いに生身の人間なのですが、SNSにどっぷり浸かると、リアルな自分とは違う自分が出来上がっていく。しかも、共感してくれる人、噛みついてくる人以外にも見ている人はいるはずなのに、そういうリアクションのある人しか目に入ってこなくなる。リアクションのない存在はいないも同然ですから。

そしてある日、これまで見えていなかった人たちのヘイトコメントが始まる。こうなると、見えない相手の強烈な言葉の暴力にうろたえてしまうのです。

リアルな人間関係ならば「好きでもないけど、嫌いでもない」人たちが大勢いることが前提になっています。けれど、SNSの世界では一方に「あなたが好き」「あなたを認める」があり、もう一方に「嫌い！」「死ね！」といった両極端がくるわけです。

その結果として、「**ソーシャル疲れ**」が生じ、さらには「**新型うつ**」へと流れていく人も増えています。

では、このような状態からどうやって抜け出すか。

数日間、スマホやインターネットから離れてみる「**ＩＴ断食**」も効果的です。もっとも、再びスマホ生活に戻ってしまうと、元の木阿弥ということも少なくない。ならばＳＮＳは続けながら、現実社会でのリアルなやり取りを増やしていく。

現実社会でのやり取りとは、顔を合わせて話をし、手振りや身振りを交えて相手と意思を通じ合わせることです。これを「**社会的手がかり**」と言いますが、ＳＮＳやインターネットにはこの手がかりが存在しないので、疲れだけが残るのです。

現実で他人と「通じ合う」こと、他人と「衝突する」ことをきちんと経験しておくことこそが、むしろ「ソーシャル疲れ」を緩和させる方法なのです。

これからの世を生きる人たちの人間関係は、これまで以上にネットを通じたバーチャルな人間関係と、家族や友達、恋人などとのリアルな人間関係に二極化していくのではないかという人もいます。

だとしたら、その二つをバランスよく併せ持つような生き方をするべきでしょう。

リアルな人間関係もしっかり持つことで、バーチャルからの攻撃を架空なものとして受け止める。これまでとは違う人間関係の在り方を考えていくことが必要です。

CHAPTER 7

不安と脳のメカニズム

あなたに「不安」という厄介なものを生み出す脳。

脳の仕組みや脳内物質の働きを知り、

「な〜んだ。性格じゃなくて、全部脳のせいだったんだ」

と思うだけでも、心が楽になるはずです。

不安は人から人へ伝染する ミラーニューロンとシンクロニティの話

卒業式などで、隣の人が泣いていると自分も泣き始める、映画を観たあと自分が主人公になったような気分になる、誰かが「きゃー、恐い」と叫ぶと、理由もわからないのに怖くなる。こんな経験は誰でもあるのではないでしょうか。

それは人間が持って生まれた脳の機能でもあるからです。

生まれたばかりの赤ん坊は、親のやることや言葉をそのままマネすることで、母国語やその社会の決まり事、感情までを学んでいきます。

それは、人がその社会で生きるために必要な能力だからです。

脳のなかには「**ミラーニューロン**」という神経細胞があります。別名「人まね細胞」とも呼ばれています。

１９９６年にイタリアの脳学者が発見しました。ミラーという名前は、他人の行動がまさに自分の行動のように脳の鏡に映ることから出ています。

この細胞が発見されたお陰で、さまざまな現象が説明できるようになりました。普通の人でも、この「能力」がないと生き抜いていかれませんが、この能力が人一倍強い人たちがいます。

ＨＳＰと呼ばれる人たちです。そうした人たちについては、拙著『「敏感すぎて苦しい」がたちまち解決する本』などに詳しく書きました。また、発達障害と診断された人たちにも、実はＨＳＰの人たちが、近くにいる「発達障害」の人たちの真似をしてしまったのではないかというケースもあります。私は彼らを「疑似発達障害」と名付けています。

うつ病にも同様なことが起きるケースもあります（うつ病とＨＳＰの関係については拙著『ＨＳＰとうつ――自己肯定感を取り戻す方法』を、発達障害については、『ＨＳＰと発達障害――空気が読めない人　空気を読みすぎる人』を参照してください）。

先にも述べましたが、不安や恐怖という感情は、人にうつりやすい感情です。

「不安や怒りは人から人に伝染する」

これを押さえておけば、たいていの不安は抑えることができます。

あなたの不安は、ほかの誰かの不安なのです。

シンクロニティという現象があります。

よく知られる話としては、一匹の猿がイモを洗って食べ始めた。ほかの猿も真似をするようになった。真似をする猿が百匹を超えたとき、世界中の猿たちが同じようにイモを洗って食べるようになったというものです。

科学的な真偽は取りざたされていますが、これをシンクロニティ＝同時性と呼び、最初に猿が別の猿の真似したのはミラーニューロンの働きによるものです。

一人の行動や感情は、脳のネットワークを通じてほかの人にうつっていきます。ましてや身近にいる人の感情は、周りの空気を変え、同じ空間にいる人に影響を及ぼしていきます。

まずは、このことをしっかり頭に入れておきましょう。

上司の意味不明の叱責やパワハラめいた言動への不安、これらの多くはまさにその上司の不安をあなたが、自分のものとして受け取っているからなのです。

怒りや不安は増幅する
相手の気持ちに共感しない

会社の上司など、相手に直接感情をぶつけられない場合には、そのとき感じた不安や恐怖は体のなかに溜まっていき、より大きくなり、身近で自分より弱い人間に向かっていくことがあります。

C男さんは、相手の評価に弱く、褒められると有頂天になり、少しでも注意、叱責されると自分はもうダメだと思うなど、気分の移り変わりに波があります。

自分の感情の波に翻弄されるために常に疲れが取れず、いつも肩が凝る、頭が痛い、目がしょぼしょぼするなど、体の不調にも悩まされていました。

体調が悪く常にイライラしているせいか、より上司の言葉に敏感に反応し、不安を感じ、家に帰ると、その不安を家族にぶつけてしまいます。

朝、仕事に行くのも不安、会社から帰るのも不安と憂鬱な毎日です。

不安や恐怖は増幅する傾向がありますが、それには条件があります。相手も、同じように、いや、それ以上に不安や恐怖を抱えている場合です。

先に、「不安はうつる」と言いました。

うつるだけではなく、より大きくなってもいく場合もあるのです。

音でいうと共鳴、電気でいうと共振です。

振動数の等しい音叉の一方を鳴らすと、もう一つの方も激しく鳴り始めます。ある振動体が外部から等しい刺激を受けると、振幅がどんどん大きくなっていきます。

不安や恐怖も同じです。

たとえば、些細なことから始まった言い合いが大きくなっていくことがあります。

「どこに置いたの？　私の傘」

最初はこんな些細な問いかけに過ぎなかったのに、相手の出方や言葉によって、「だから、いつもわかるところに置いておけと言っているでしょ！」

「今、急いでいるんだから、あるところを教えてくれればいいじゃない！」

「何言ってるの！　自分が悪いのに人のせいにするの？」

「人のせいにしていないでしょ」

「してる、してる。この間も……」

こんなふうに、どんどん感情がエスカレートしていきます。


不安や恐怖だけではなく、優しさや寂しさ、孤独感といったものも、相手も同じような感情を抱いているとうつり、増幅していく。好意や恋愛感情も同じようにして増幅、発展していきます。

「私の気持ちをわかってくれるのはこの人だけだわ」というように。

ということは、もう答えははっきりしています。**あなたが上司に感じている不安や恐怖は、実は上司自身の感情なのです。**

叱られた、注意されたからというより、上司の「叱る」「注意する」、その言葉に含まれた不安やストレスのほうに敏感に反応してしまう。

その証拠に、相手がちゃんと理を尽くして冷静に話してくれた場合、不安や恐怖といったマイナスの感情はそれほど抱かないはずです。

それでも抱く？

その場合は、過去に嫌な上司や教師、親などから受けて、その時の感情が、その上司によって呼び起こされたからでしょう。しかし、その場合でさえ「遠い昔の相手」の感情が時空を超えてうつり、増幅してきているのです。

それを防ぐには、相手の気持ちに共感しない。断ち切ることです。

それが愚痴や悪口となっている場合は、相手が話している最中にでも頭のなかで好きな音楽を思い浮かべる、気持ちのいい風景を思い浮かべる。

予想した返事とは違う言葉が返ってきたら、すぐに自分の問いや言葉を引っ込める。先の例なら「傘、どこにあるの？」ときたら「いつも聞くのねぇ」などと返せば、「あっ、まずい。自分で探そう」というふうになるでしょう。要は頭の切り替えです。

上司の注意ミスには、まず深呼吸して冷静になる。その上で、上司の言葉の是非を判断して正しいと思ったら、「そうですね、すみません」と素直に従う。間違っていると感じたら、「ああ、この人も不安なんだ」と心の中で思いをめぐらす。

上司の不安をあなたの敏感さがキャッチしてしまうことで「うつる」のですから、言葉から相手の不安や感情を差し引いた上で、その言葉を検討し、判断するようにしてみましょう。

「失敗したときに感じる」不安
不安や恐怖も学習の産物

人はどんなことを不安に感じ、何に恐怖を抱くのでしょうか。

大昔から人類は、暗闇や未知の出来事には不安や恐怖を抱いてきました。それは身を守るための本能でもありますが、人間関係などへの恐れ、不安などを学習している場合も多くあります。

たとえば、こんな経験はないでしょうか。

小さい頃、母親や父親が目の前で起きた事故に驚いたとき、親の感情それ自体を感じて、自分も恐怖や不安を感じてしまった。

小さな子どもは、目の前で起きていることの意味がまだよくわかりません。でも、身近な存在を通して、「これは恐いことだ」「これは可哀そう」「これは危ない」と知っていくのです。

子どもが転んだりして痛がったとき、「痛いの痛いの、飛んでいけー！」という言葉を使う親は今でもいるでしょう。

痛いところを触りながら、「飛んでいけー！」と言うと、多くの子どもが泣き止むことはよく知られています。親が笑いながら「飛んでいけー！」と口にすると、泣きそうだった子どもが一緒になって笑ったりして、「ああ、これは恐いことではなく、笑うことなのだ」と覚えていく。

逆に、親が転んでケガをしてすごく痛がっていると、幼児は親の表情を見て、転ぶのは恐いことだと学習していくのです。

不安も同じです。

誰かから自分のミスを指摘されて不安になる。そういう人はミスを指摘されること＝自分を咎《とが》めている、責めていると、どこかで「学習」したのです。だから、目の前の人は責めるつもりではなくても、自分を否定されたような気がして不安になる。

幼い頃に何か失敗したとき、「大丈夫だよ」「こんなの当たり前」「こうすればいいだけだから」と言われて育った（教えられた）人は、ミスを指摘されても、そうか、間違えてしまった、ではどうすればいいんだろうと対策を尋ねるか、自分で考えるかするでしょう。

今の社会は、失敗やミスを成功のためのプロセス、一つの段階として認めるケースはあまりありません。「失敗したほうがいいんだから」と言う人は少なからずいますが、現実にミスしたとき、そう言ってくれる人に巡り合うのは稀で、僥倖《ぎょうこう》なことです。

しかし言われたことはなくても、ミスを指摘されたとき、失敗やミスは次の段階にいくためには必要だと知っていればどうでしょう。

幼い頃、自分のミスを笑い飛ばしてくれた人がいた、と想像してみるのです。そんなイメージを頭のなかに浮かべて、「こんなミス、どこかへ飛んでいけ〜！」と頭のなかで唱えてみる。

あるいは、「ニセモノの不安、飛んでいけ〜！」と唱えながら、窓から風が吹きこみ、不安を吹き飛ばしていくイメージを描く。

ミスしたことは不安材料なんかではないんだと、自分の脳に刷り込むのです。

危険や不安を察知しない脳と察知しすぎる脳
仕事は自分の気質を知って選びましょう

冒頭でも触れましたが、『フリーソロ』というドキュメンタリー映画があります。ロープなどの安全器具をまったく使わずに山や絶壁を登る「フリーソロ」と呼ばれるクライミングスタイルで世界的に知られるクライマー、アレックス・オノルドの緊迫感あふれるクライミングに密着したドキュメンタリーです。

映画のなかで、アレックスの脳をMR検査をするところがあります。彼の脳はまったく正常ですが、扁桃体が平常ではほとんど活動していないということがわかります。

「それは何を意味しますか？」

アレックスが尋ねると、医師はこう言いました。

「普通の状態では活動しない、つまり不安や恐怖を感じるレベルが低い。よほどのことではないと不安や恐怖を感じない、ということです」

映画で活躍するスタントマンのなかにも、こういう脳の傾向を持った人は多いようです。危険を感じないと生きている気がしない、という冒険家の言葉はよく耳にします。だからこそ危険を恐れない挑戦ができるのですが、反面、それはリスクの高い人生を引き寄せます。普通の生活に満足できず、配偶者や子どもという「普通の脳」を持った人たちの不安を掻きたててしまいます。

多くの人は、自分にない能力を持っている人を羨み、優れた人だと思い込む傾向があります。

しかし、どんな脳もプラスとマイナスの両面があります。

脳の機能は人によって違うのです。不安や恐怖をキャッチしやすい脳があれば、それをキャッチしにくい脳もある。

不安に敏感な人が「冒険家」という仕事に憧れたとしたら、悲劇ですね。

職業選択における悲劇の多くは、自分自身の気質を知らず、自分には不向きな仕事でも、世間や親がいいと思っているからと信じて就いてしまうことです。

先に自殺した俳優の三浦春馬さんは、「農業に就きたい」と漏らしていたとの情報もあります。それが本当なら、農業より俳優のほうがお金になるし有名にもなったことで引き返せなくなった。本当に自分のやりたいことをやれなかったのかもしれません。

三浦春馬さんが本当にそうだったかどうかはともかく、こういう悲劇は、本当に多いのです。

自分がどんな人間かを知り、それに適した仕事を見つけてください。自分の傾向を知り、適した仕事を探してください。不安が強いなら、自分の傾向と仕事の関係をじっくり再考してみましょう。

恋や興奮のあとの不安や悲しみはなぜ起きるのか
脳内ホルモンは使い方次第

楽しい。わくわくする。子どもの頃に運動会や遠足の前の夜、楽しみで眠れなかった経験は多くの人が経験しているのではないでしょうか。

胸が高鳴ると言いますが、こういう高揚したドキドキと「明日、大勢の人の前でプレゼンしないといけない」「面接がある」などで不安なときのドキドキ。両方とも脳内の物質（ホルモン）によって引き起こされます。

楽しいときには、脳でアドレナリンなどの興奮物質が多量に分泌されます。一方、人がストレスにさらされたときを調べてみると、ノルアドレナリンという抗ストレス物質が通常よりも多く分泌されています。

翌日の会議、面接を控えたときも、アドレナリンやノルアドレナリンが分泌されているのです。

ストレスを感じたときに分泌されるこれらのホルモンは悪者扱いされがちですが、人が何か事を成すときには、欠かせない物質です。いわゆる「火事場のバカ力」はこれらの物質が大量に分泌された結果、普段では出せない集中を生みだし、それによって体力も脳もフル回転するのです。

アドレナリンは主に身体に対して、ノルアドレナリンは脳に対して作用します。ある目的をどうしても達成したいときには、自分で自分を追い詰め、アドレナリンを出してやる気を出す。

たとえば、試験の前の徹夜などがそうですね。同じように、脳はノルアドレナリンを出すことで明日の会議や面接に備えているのです。

大声を出すとアドレナリンが大量に分泌され、普段以上のパワーが出てきます。柔道などで「よっしゃ！」などと大声を出すのは、自分を鼓舞するためだけではなく、集中力を高めて、練習以上のパワーを出すためです。

ですから、会議や面接の前に、一人で「よっしゃ！」「やるぞ！」と大声を出してから臨むのも効果があります。

先に、大きな声で議論や言い合いをしていると、お互いの感情が増幅しあい、喧嘩になることがあると言いましたが、これも同じ原理です。

ホルモンも使いようで、プラスに用いることもできれば、マイナスになってしまうこともあります。楽しいことのあとに、なぜか不安や悲しみ、落ち込みを感じるのもホルモンの影響です。激しい恋が終わったあとに、しばらく立ち直れなかったり、うつ病になる人は多いのです。

それは、楽しいときに大量に分泌され続けていた脳内物質が失恋などで、いきなり分泌されなくなるからです。セックスのあとに悲しみを感じる人も、最近は増えたといいます。

これは「増えた」というより、多くの人は何となく感じていたが、「そんなはずはない」と自ら否定していたためにあまり公《おおやけ》にはならなかったのでしょう。

脳内ホルモンも研究が進むに連れ、こういうことがあるよと科学的に説明されることで、「そういえば……」「私にもそんな経験が……」と告白する人が増えました。「この人を本当は好きではないのかもと思った瞬間があった。そんなふうに感じるのは自分だけだと思っていたけど、そうではなかった」などと理解する人が増えてきたのです。

不安や落ち込みの原因は性格ではない じつは脳内ホルモンのせいだった！

知人の女性で、失恋したあとに激しく落ち込み、うつ病になりかけた人がいます。

失恋といっても一方的にフラれたわけではなく、どちらかというと自分のほうから、こういう人とはやっていけないと判断した末の別れでした。

別れたばかりの頃はせいせいしたとか、これは正しい判断だったんだと元気でいたものの、しばらく経つと悲しい、苦しい、不安になる、などの感情が起きてくるようになりました。しかし、そうかと思うと、やはり自分は間違っていない、ああいう人と一緒になっても幸せにはなれないと思い始めるのです。

日によって、いや、悪いときには時間単位で気分が変わる。気分変調です。気分だけではなく、朝起きたときのめまい、吐き気、ときには痙攣《けいれん》に襲われることさえありました。

「自分はおかしいのではないか」

「そんなに彼が好きだったのだろうか」と、勇気を出して復縁をお願いし、断られ、また激しく落ち込むという悪循環でした。

「こんな弱い自分はこの先、生きていけるんだろうか？」

「また失恋したらどうしよう……」

後悔と自分への不信で、心身ともにダウン寸前の状態が続きました。


付き合っている相手の性格が激しく、自己中心的で、常に自分が振り回されがちだという場合、相手と一緒にいるときは、**アドレナリン**や**ドーパミン**などの脳内物質が多量に出すぎる場合があります。**エンドルフィン**という「愛情物質」もあります。好きな人とのハグなどで得られ、強い幸福感を得られる脳内麻薬とも言われています。

相手に振り回されるだけではなく、同時に相手から強い好意を受けたりもすることで、ドーパミンやアドレナリン、エンドルフィンなどが大量に分泌され続ける。それは人が「戦闘態勢」に入ったときと同じなのです。

だから疲れる。もう振り回されたくないと関係を断ち切るのはいいのですが、別れたあと脳内物質の分泌が一挙になくなるため、一種の「脳内麻薬切れ」の状態になるわけです。

家庭内暴力に悩みながら、相手と別れることができない人が大勢います。「暴力を振るわないときは、すごく優しい」「私がいないと相手が可哀そう」というわけです。

これは暴力を受けているときに発生した脳内物質が、相手がいないと切れることで、強烈な寂しさやうつの状態を引き起こすからです。

ここは、あとで紹介する「長距離思考」で乗り切ることにしましょう。

「今の寂しいや苦しいや不安は、脳内ホルモンが出ていないためだ。今は普通の状態に戻ったのだから、しばらく我慢していれば必ず落ち着く。長い目で見れば、ああいう相手と一緒にいると自分の人生まで無茶苦茶になってしまうのだから、私がしたことは間違っていない」

このように、自分の判断は正しいと、長期的な目線で考えるのです。

瞑想、呼吸法などを習って心を落ち着かせる。あるいは、運動をすることも効果的です。

不安をコントロールする脳内物質の特徴とその操縦法

感情や体調には、脳内物質やホルモンが大きく関係しています。

わかりやすい例でいえば、更年期障害や女性の月経前症候群でしょうか。

身体がだるい、頭痛がする、あちこちが痛くなる、ホットフラッシュが激しいなどの症状が起こる。感情面では、イライラする、怒りやすくなる、情緒不安定になる、将来に対する漠然とした不安が大きくなる、付き合っている相手が嫌になるなど、人によってその症状や軽重は違ってきます。

体がだるいからイライラするのか、イライラするから頭痛が起きるのか。いずれにしても身体と心は綿密につながっているので、お互いに影響しあっている。不安や恐怖、気分変調などは、脳内物質のコントロールが失われたせいで起きることがあると知っておきましょう。

心身に大きな変化が起きたときには、その時期に自分がどんなふうになるのか、記録などをとって「見える化」しておくと有益な資料になります。

「見える化」しようとすることで、自分を客観的に把握できるだけではなく、その後同じような兆候が見られたら、「あっ、来たな」と前もって用心しておくと、コントロールしやすくなります。

脳内物質やホルモンのせいだと知らないばかりに、自分はダメな人間だ、なんだか人生空しい、恐い、不安だと感情に流されて、離婚したり会社を辞めたりと、重大な決定をしてしまうケースは結構あるものなのです。

それを避けるためには、脳内物質の特徴とコントロール法を知っておくのはプラスになります。

主な脳内物質の特徴とコントロール法を挙げておきます。

ドーパミン

幸福ホルモンとも呼ばれ、快適な状態のときに分泌。作業記憶（ワーキングメモリ）

ともかかわりがあるため、情報処理能力や注意力、集中力の向上を促します。

これを分泌させるのは、先にも触れましたが「精神的な報酬」です。褒められたり、目的を達したときに感じる充実感を得ると分泌されます。

他人に褒められることを期待しなくても、「よくやったぞ、自分！」と自分で自分を褒めるだけでも得られるので大いに自分を褒めてください。

ショッピングなどでもドーパミンは発生します。買い物依存症はドーパミンが発生することで依存症になっているとも言えますから、「自分にご褒美」のための買い物はほどほどにしておきましょう。

また発達障害の一つであるＡＤＨＤ（多動性症候群）の人は、このドーパミンの分泌が少ない傾向にあると言われています。やる気が出なかったり、疲れやすいのは怠惰というよりこの物質が足りないためなのです。

ノルアドレナリン

不安や恐怖を抱きがちな人にもっとも重要なホルモンです。

「逃走のホルモン」とも呼ばれる抗ストレス物質であり、不安や恐怖と戦うための集中力や注意力を高めていきます。

ただし、不安症の人においては、これが常に分泌されている、つまり、常に戦闘態勢にいる状態にあります。蓄積されすぎて疲労し、精神に支障をきたすことがあるので、時々深呼吸をしたり、瞑想、ぼんやりすることでコントロールしていきましょう。

アドレナリン

アドレナリンが分泌される状況は、ノルアドレナリンとよく似ています。しかし主に脳のパフォーマンスを高めるノルアドレナリンに対して、アドレナリンは身体に作用します。両者ともにストレスに対して分泌されるので、常に興奮、戦闘態勢にあると心身は疲れ、適度な休息を保つことを忘れないようにしましょう。

セレトニン

うつ病に大きく関わっているのはセレトニンです。太陽光のある昼間に多く分泌され、夜になるにつれて分泌量が減ります。

うつ病などにかかると朝になっても起きられなかったり、日中でもひどい倦怠感を覚えるのは、朝起きてセレトニンを分泌するという体内時計のリズムが崩れるのが理由です。

セレトニンをコントロールする簡単な方法があります。眠る前にカーテンを開けておき、太陽の光で目覚めることです。最初は少しきついように感じますが、早起きの習慣がつけば体内時計は正常に働くようになります。

リズムに乗った運動をするのも効果的です。ジョギングや階段昇降、深呼吸のほか、音読や読経、カラオケなどでも構いません。ただ、セレトニンを活性化させるには5分～30分程度の継続時間が必要なので、5分以上は継続できるものを選びましょう。またセレトニンは咀嚼によっても分泌されやすくなるので、朝食をよく噛んで食べるのを意識するだけでも効果はあります。

エンドルフィン

エンドルフィンは麻薬の一種であるモルヒネの6・5倍もの鎮痛作用を持つといわれ、肉体的な痛みだけでなく、精神的な痛みを鎮める効果もあり、分泌されると幸福感が得られます。

マラソン選手のランナーズハイなどは、このエンドルフィンによるものとされていますが、マラソンのような極限状態に心身を追い込まなくても、もっと軽い運動や自分が癒しだと感じる行為をしても分泌されます。

軽い運動なら、多少息が上がるほどの強度での15分以上のエアロバイクが挙げられます。このほかセックスのような物理的に気持ちいい行為や、脂っぽいものや辛いもの、チョコレートを食べることでもエンドルフィンが活性化することがわかっています。

原因は脳だけではなかった!? 腸内細菌と不安、うつ、発達障害の関係

最近、不安障害やうつは脳だけの問題ではなく、全身が関係しているのではないかという説が出てきました。

不安障害やうつになると、極度のやる気のなさ、疲労を感じますが、脳だけの疲労ではなく、全身の機能がコントロールを失っているというのが私の考えです。

なかでも重要なカギを握っているのは腸内細菌です。

最近になって次々と腸内細菌の威力が発見されています。

母親の胎内にいるときには、腸管にも呼吸器系にも細菌はいません。出産し、外界に出てくるとたちまち細菌のような微生物に気道、消化器などが覆われます。とくに腸管の内側にべったりついている細菌を「腸内細菌」と呼んでいます。ヒトでは１００兆個から１０００兆個の細菌が生息し、その種類は数百種類に及ぶとされます。

その中で消化吸収を助けたり、病気に対する抵抗力をつけたりする菌を「善玉菌」と呼び、その代表がビフィズス菌です。こうした腸内細菌が心の病、性格などに関係することが最近注目されているのです。

たとえば、エタンという子どもは、1歳になる前に腸に異常があると考えられていました。赤ちゃんのときに彼は耳の感染症で、抗生物質を与えられていました。その後、彼は腹部膨満、下痢、に悩まされ、痙攣を引き起こすようになったのです。

1歳になったエタンは、覚えた言葉を忘れ、他人と目を合わせることをしなくなり、彼は自閉症症候群と診断されました。

アリゾナ州立大学では、自閉症の子供の腸内細菌に関心をもっていて、健康な子供の腸内細菌と入れ替える研究をしていました。

また、アイルランドの生化学者、ジョン・クライアンは、生まれたときに無菌にして腸内細菌をなくしたマウスは、他のマウスに近づくことを避けるようになることを発見しました。

彼と共同研究者は、脳には腸内細菌からのシグナルに敏感な部分があり、そのことが人の社会的行動を変えているとしています。

つまり腸内細菌は、脳の働きに影響を与える物質を出していると考えたのです。

たとえば、ある腸内細菌はプロピオン酸という脂肪酸を育成し、ラットに自閉症様の症状を引き起こします。また自閉症様の症状を出すようになったマウスの腸内細菌はトリプトファンをあまり作れず、セレトニンを作れないと報告されています。

では、うつ病と腸内細菌の関係はどうでしょうか。

うつ病に関しても腸内細菌の移植が行われ、ビフィズス菌などの乳酸菌の一種がうつ病、不安の症状を改善することが示されています。

逆に正常のラットに抗生物質を与えて腸内細菌を除去し、うつ病の患者の腸内細菌を入れてやると、ラットにうつ病の症状が現れることがわかってきました。

では、何を食べたら、どのようにうつ病の症状を改善できるのでしょうか。

地中海食で使われるオリーブオイル、また新鮮な野菜、果物、ナッツ類などもうつ病の危険を減らすということがわかっています。逆に、甘味飲料、加工食品（フライドポテト、ハンバーグなど）、はうつ病の危険因子とされます微量成分では、マグネシウム、カルシウム、鉄、亜鉛の摂取はうつ病を予防します。最近では、とくに亜鉛の摂取がうつ病を予防し、症状を改善することが注目されています。

では、魚などに含まれるＤＨＡやＥＰＡはどうでしょうか。多くのデータがこれらの脂肪酸の摂取はうつ病を予防するとしていますが、あまり関係しないという研究結果もあり、結論は出ていません。

ビタミンの中では、葉酸、B_{12}がうつ病を予防するとされます。葉酸は緑黄色野菜、牛肉、酵母、米、大豆、小麦、キノコ等に、ビタミンB_{12}は卵黄、牛乳、カキ等に多く含まれています。

このように、最近はうつ病と腸内細菌の関係が盛んに研究されています。

ドーパミン、セレトニンを産生する腸内細菌が関係するようで、これらが、ある種の腸内細菌の作る物質によって脳に入りやすくなるので調べられています。

発達障害と同様に、うつ病の患者も腸の疾患をもっている人が多いようです。現在、うつ病でどの腸内細菌が増えているのか、減っているのかというのは精神医学界での最大の関心事の一つです。

話は変わりますが、太っていると嫌われる不安があるので、食べたいのを我慢してでも痩せたいという人のなかには、炭水化物や肉類を食べるのをやめている人が多く見受けられます。

しかし木の実や果物、野菜の原型成分のほとんどは炭水化物でできています。私たち人類の身体や脳は、炭水化物によって生存、進化してきたのです。痩せるためだけに、大事な成分の入った食物を敬遠する事態になっていないでしょうか。

発達障害、不安障害、ＨＳＰのような人の場合、自分が他の人に比べ、食の好みに偏りがないか、また下痢などの異常を起こしやすいかをいつもチェックする必要があるでしょう。

１９９０年代にアメリカのロバート・アトキンスという医師により始められた糖質制限食（低炭水化物ダイエット）は肥満を防ぐということで、欧米では大流行しました。そして今、日本で流行しています。

じつは、同じカロリーの食事をした場合でも、脂肪を減らしてもあまり痩せないのに、タンパク質を多く摂取すると体重が目に見えて減ります。さらに血糖値も下がるのです。

これをテレビで見せられると、誰でも糖質制限、タンパク質摂取の信者になってしまいます。

しかし、最近では糖質制限は死亡率を高めるなどの研究結果も出されています。けれど、とにかく体重が減るので、人々はなかなか糖質制限を止めません。

私はこれを危険だと見ています。先ほど述べたように、人間の成り立ちから言っても、ご飯＝米という炭水化物を主食としてきた日本人のＤＮＡから言っても、炭水化物を中心とした糖質を過剰に制限することに悪い影響がある可能性は高いのです。

CHAPTER 8

それでも不安な人の不安を消す方法

人生はある意味、不安との闘いです。
「生きているだけで不安」な人も、
「あれこれやってもやっぱり不安」な人も、
私の経験から得た処方箋をためしてみてください。

逃げるは恥だが役に立つ「苦しいときは逃げていい」の発想

何年か前『逃げるは恥だが役に立つ』というドラマが高視聴率をマークしました。再放送されるたびに高視聴率をマークしています。

気の弱い恋愛経験のない30代の男性（星野源）と就職先のない女性（新垣結衣）。互いの利益が一致し、女性は男性の家に住み込み、家事代行仕事を請け負います。

家事の苦手な男性と家事を仕事にした女性の偽装恋愛から始まるラブストーリーです。

番組の最後に見せる恋ダンスも話題になりましたね。

聞き慣れないこのタイトルは、「逃げ恥」と略されて使われるようになりました。

実はこの言葉は、「自分の戦う場所を選べ」ということを意味するハンガリーの格言。

ハンガリーはヨーロッパのさまざま国に囲まれているため、長い歴史のなかでいろんな国に侵略、翻弄されつづけてきました。

国民は生き延びるだけでも大変で、とにかく「なにがあっても生き延びる」ことがベストの選択だとされてきました。

その生き方が「逃げるのは恥ずかしいかもしれないが、サバイバルには役に立つよ」というこの言葉になったのです。

つまり、今いる環境にしがみつくのではなく、逃げることも選択肢にいれ、自分の得意なことが発揮できる場所に行こうということです。この言葉に共感する人が増えたのは、現代の日本社会もそれだけ厳しくなってきたからでしょう。

主人公の男性はＩＴ企業に勤め、恋愛したことがないという草食系です。２人はウソの結婚ではあるけど、一応の礼儀として家族同士の会を持ったあと、彼は女性にこう言います。

「後ろ向きな選択だっていいじゃないか。恥ずかしい逃げ方だったとしても、生き抜くことのほうが大切で、その点においては異論も反論も認めない」

嫌なことや苦しいことがあっても、歯を食いしばって頑張る、そのために過労死したり、うつになる人が増えている現代。そんな場所からはさっさと逃げればいいじゃないか。何より生き抜くことのほうが大切だよという彼の言葉に、女性も深く頷きます。

日本にも同じようなことわざがあります。

「逃げるが勝ち」

今だけを見ると、負けているように見える、自分がみじめに思える。でも、長い目で見たら、その場を逃げて、そのときには負けていた人がいつのまにか勝っていた。

歴史上もそんな例は枚挙に暇がありません。

清盛に負けた源氏。信長に屈してきた家康……。

人気グループ「嵐」のオリンピックへのエールソング『カイト』にも、こんな歌詞があります。

「父は言った『逃げていい』と」

かつての父は、「逃げるな！」が定番の励ましでした。

苦しくても逃げるな、苦しさの先に勝利がある、と。

今は「逃げろ、逃げていい」です。

『カイト』の作詞・作曲者は、『Lemon』や『パプリカ』で知られる米津玄師です。

彼は発達障害（高機能自閉症）であり、うつ病でもあったと自ら言っています。おそらくＨＳＰの傾向も多分に持っておられるでしょう。

そんな彼が作る歌詞が、若者だけではなく、国民的な支持を受けているのは、彼と同じような感性、発達障害で生きづらさに苦しんでいたり、ＨＳＰで人に振り回されている人が増えているからかもしれません。

「間違い探しの間違いのほうで生きてきたように思っていたけど、正解のほうではきっと君と出会えなかった」というようなことを彼は別の歌の歌詞に書いています。

「逃げる」という言葉に抵抗を感じるなら、「その場から離れる」「距離を取る」と考えてもいいでしょう。

辛い、苦しい、もう限界だと感じたら、身体の動くままにその場から離れる。息を抜いてみましょう。

また違う景色が見えるのではないでしょうか。

今の失敗はやがてプラスに転じる 長距離思考と短距離思考で考える

先項の「辛いとき、苦しいときは逃げていい」は、長距離思考で考える対処法です。

たとえば、すごく頑張ったのに受験に失敗した、上司との関係がうまくいかない、自分はどうなるんだろうという、今現在起きている不安を、将来までの長い距離をイメージして眺めてみる思考法です。

「今の失敗は、長い人生から考えれば、やがて良いほうに転じる可能性が高いのではないか」。いったんこの場は失敗や負けとなるほうを選択するほうが、その先のプラスが大きいと考えてみるやり方です。

多くの人は失敗をマイナスとして、不安、自己否定の材料と受け取ってしまいます。

しかし、皆さんの両親でも、先輩でも、歴史上の偉人でも、失敗経験のない人などいません。

バスケットボール界のスーパーレジェンドであるマイケル・ジョーダンは、失敗について数々の名言を残しています。

「失敗には耐えられるが、挑戦しないことには耐えられないんだ」

「私は9千回以上シュートを外し、3百回試合に負けた。勝負を決めるシュートを任されて26回も外した。人生で何度も何度も失敗してきた。だから私は成功したんだ」

勝負どころのシュートを外すと、チームの誰もが自分を責めているような気持ちになって、それはもう落ち込むことでしょう。

凡人なら、もうダメだ、バスケットをやめようと思うかもしれません。けれど、長い目で見れば、それこそ成功への道のりなのです。

もしも受験に失敗して、次の長い試験のために長い浪人生活を送っているとき、また次も失敗するかもしれないという不安がよぎらない人は少ないのではないでしょうか。上司とうまくいかない場合、その状況を不安に思う人もいるのではないでしょうか。

そのとき、そこから逃げるか、とどまるか。

迷ったら、今の状況や将来、周りの人など、さまざまなことを考慮にいれながら、

「短距離思考」と「長距離思考」の両方で考えてみてください。

どちらが自分の不安をより少なくするのか。

どちらが、自分のやりたいことに集中できるのか。

不安や恐怖は、やりたいことに向かう気持ちを殺ぐブレーキのようなものです。

ブレーキをかけながらアクセルを踏み続けると、車はそのうち故障してしまいます。

第一能率がよくない。

不安や恐怖は、その原因、対象が大事だからこそ抱く感情でもあります。

心に引っ掛かることが起きたら、「今は失敗だけど、長い目で見たら成功かもしれない」。

これは日常のさまざまな選択にも役立つ思考法です。

欲しいものを前にしたときも、「これは長い目で見てもずっと好きでいられるだろうか」「ずっと家に置いておきたいものか」「この値段なら、今だけの、今シーズンだけのときめきでいいや」といった具合に考えてみてください。

マイナスの記憶ばかりを思い出す嫌な記憶を一瞬にして楽しい記憶に変える方法

うつ傾向や不安障害のある人は、「嫌な出来事ばかりを思い出す」脳のクセが強いと言われています。確かに「楽しいことばかり」を思い出す人は不安障害やうつにならないのは確かでしょう。

とすると、不安やうつを避けるためには、楽しい、嬉しいことだけを思い出せばいいわけです。

「そう簡単にできないから悩んだり、対処法を探したりしているんだよ」という声が聞こえてきますが、この「嫌な記憶」を「楽しい記憶」に変換できるスイッチを発見した有名な日本人がいます。ノーベル生理学・医学賞を受賞した利根川進博士です。彼は、身近な人の死という不幸に出会い、そのために辛い記憶を抱えていた。その経験が彼にこのような実験を試みさせたのかもしれません。

さて、その実験ですが、オスのマウスを小部屋に入れ、脚に弱い電気ショックで苦痛を与えます。すると、マウスの脳の海馬という場所が活性化します。海馬は記憶にかかわる場所です。

電気ショックを与えたときに活性化した部分をマークしておきます。マークした部位には苦痛の記憶が刻まれていますから、次にマークした部分を光で刺激すると、脳に嫌な記憶が蘇り、電気ショックを与えなくてもマウスは不安や恐怖を感じて身をすくませてしまいます。

ところが、ここからが肝心なのですが、この小部屋にメスのマウスを入れてみます。すると、海馬のマーク部分に光を当てられ嫌な記憶が蘇っているオスのマウスでも、メスのマウスと1時間ほど遊んでいるうちに、その苦痛がなくなってしまうのです。

これは、海馬のマーク部分が「嫌な記憶」から「楽しい記憶」に置き換わったことを意味しています。

海馬は記憶や空間学習能力に関わっている脳の器官です。日常生活において視覚・聴覚・嗅覚・触覚などから得た情報は海馬に集められて、大脳皮質で保存されることで記憶として定着します。ただ、この海馬という器官はとても繊細で、酸素が不足したりストレスがかかったりすると、ダメージを受けやすいと考えられています。

実際にＰＴＳＤ（ショック体験による心的外傷後ストレス障害）やうつ病の患者さんは、長期間にわたって海馬がストレスを感じて萎縮してしまうことが確認されています。


それにしても興味深いのは、**記憶のスイッチ**です。

先の実験のオスマウスにとって最初、小部屋は辛い場所でした。ところが異性と遊んだことで小部屋は楽しい思い出に変わったのです。

つまり、記憶自体が案外不確かなものであるということで、それなら**「記憶の塗り替え」を意識的にすることで、不安や恐怖を減らすことができる**。それが記憶のスイッチ変換です。

たとえば、親や教師、同級生などによるイジメ、失恋などの嫌な記憶を思い出し、不安を感じたら、その記憶を楽しい記憶に変えてみる。

嫌な思い出ばかりではないはずです。親と一緒に遊園地に行った、同級生と野球をしたなどの楽しい記憶ばかりを思い出すのです。

もちろん、すぐに不安は消えないかもしれません。これを繰り返すうちに、記憶は楽しいものに塗り替えられていくものだからです。

「**記憶はウソをつく**」ものなのです。気分がよくなるウソならば歓迎すればいいではないですか。不安を感じたら「**スイッチ変換！**」と呟いてみてはいかがでしょうか。

脳の扁桃体は、不安や恐怖によって活性化することが知られています。扁桃体は不安や恐怖といった感情に大きくかかわっている器官です。先に紹介した『フリーソロ』というドキュメンタリー映画の主人公のクライマー、アレックスは、この扁桃体がほとんど活動していませんでした。

不安を感じやすい人は、人前でスピーチするなどの不安や恐怖を感じやすい状況で血流を調べれば、扁桃体の血流が活性化しています。その血流の増加は、その人が感じる不安や恐怖の度合いによって変わっていきます。

つまり、不安を減らすには、扁桃体の血流を活性化させないようにすればいい。そのときに大切なのは幸せなときのイメージをできるだけ多く持つことです。

脳は騙されやすいので、実際の記憶とイメージを混同します。幸せなイメージは脳を騙し、ホルモン分泌にも働いて心身によい結果をもたらすのです。

不安を放置して不安を追い払う
自分のやるべきこと、目の前のことに集中する

記憶のスイッチを変えることで、不安や恐怖を楽しいものにする方法を先に紹介しました。

嫌な記憶を楽しい記憶に意識的に変えるわけですが、そんな努力をするより「放っておけ」という対処法もあります。

それが「**森田療法**」です。

これは、何かに不安や恐れを感じても、とにかく自分がやることに集中しろというもの。不安や恐れを悪いものとして排除するのではなく、受け入れることで治療につなげていく方法です。

何かに強い不安にとらわれる人は、それだけ生きることへの意欲や欲望が強い。強いからこそ不安にとらわれるのだと、不安というものをポジティブにとらえています。

受験に打ち勝ってあの学校に入りたい。

この仕事で成功したい。

彼（彼女）との関係をうまくやりたい。

こういう希望や欲望が人一倍強いからこそ、不安になるのだから、それならあえて、その希望や欲望に飛びこんでみよう、というわけです。

もちろん最初は苦しい、やめたくなる。でも自分のやることに集中していると不安は追い払われてしまうのです。

森田療法は、精神科医の森田正馬《まさたけ》によって開発された日本独自の精神療法です。

日本人には対人関係で緊張や不安を感じる人が多く、森田自身も不安症に苦しめられた経験を持っていました。

不安症、強迫性障害に苦しんでいた彼は、学生の頃、勉強している最中に心臓の動悸が気になり始めた。しかも親からの仕送りが遅れるという事態も重なり、このままでは行き詰ってしまうと追い詰められたのです。

崖っぷちに追い込まれた彼は、こうなったら何が起きてもやるしかないと、心臓の動悸が苦しかろうが、不安に押しつぶされそうになろうが、試験勉強を続けていきました。

そして試験を無事突破した。気がついたら、彼の不安症、パニック障害は起きなくなっていたのです。

やがて精神科医となった彼は、この体験を不安や神経症に苦しんでいる人々のために役に立てようと研究、独自の治療法を確立しました。

その極意は、症状が起きてもそれに振り回されず、放っておく。そして自分にとって一番大切なこと、成すべきことをやる、成すべきことに集中するというものです。

患者たちは、不安や恐れを理由に「仕事はできない」「勉強はできない」などと、本来やるべきことをしようとしない。しかし、それでは不安や恐れはなくならない。不安や恐れがあったとしても、そのなかに飛び込んでいくことが大切だと諭しました。

自分の得意なこと、やらなければいけない仕事、大切な家族、友人。そういったことを考え、集中する。

今の自分にとって大切なことがあったり、大切な人がいたりしさえすれば、ほかのことはどうでもいい。そう思って目の前のことに意識を集中しましょうと説いたのです。

良いことも悪いことも思い出さない どんなに不安でも「なるようにしかならない」

私たちは過去を思い出し、「なぜあんなことを」と後悔することがしばしばあります。すでに関係者が死んでいても後悔します。頭では後悔しても仕方がないとわかっているのに、後悔するのです。

過去にそのような恥ずかしいこと、欲にとらわれた行動をしたということが嫌なのです。「記憶こそ苦のもとなり」と言ったのは、あの大石内蔵助の禅の師とされる盤珪禅師です。

当時（江戸時代）、嫁姑問題は家庭内の最大の問題でした。

「嫁は憎くはないぞ、舅は憎くないぞ。嫁があの時あんなことを言ったとか、舅があんなことをしたという記憶が憎いのだ。記憶さえなければ、嫁も舅も憎くはないぞ」

盤珪はこう言っています。

「良いことも悪いことも思い出すな」と禅の世界では教えています。

「自分は昔、ものすごく貧乏したから貧乏など怖くない」などという人がいます。しかし、それは違う。裕福に生きてきた人は「貧乏の苦しみを経験したことがないので、貧乏に飛び込むことができる」とも言っています。かの一休さん（室町時代の僧、一休宗純）は、「なるようにしかならない」と言いました。

２０２０年現在のコロナ禍がどうなるのか、どんな専門家も予測できません。テレビで見る専門家は毎日のように意見を変えています。

「子どものころ、私は可愛くなれる？　お金持ちになれる？　と母に聞いたことがある。母は言ったわ。『なるようにしかならない。けれど、未来はどんなふうにだって変えていけるってことでもあるの。自分自身に身を任せればいいのよ』」

かつてこんな歌が流行しました。ドリス・デイが歌う『ケ・セラ・セラ』です。ビートルズの有名な『レット・イット・ビー』も同じような内容の歌です。

「自分が困難な時に、マリア様は智慧の言葉を与えてくれた。あるがままにほうっておきなさい」

なるようにしかならないんだから、ほうっておけ。

こんなふうに考えることができたら、不安の解決法としては最高でしょう。

心配しても解決にならない、だれも未来は知らないのだから。そのままにしておけば、自然に解決される。今の苦しみも長い目で見れば、そのうち「なんとかなる」と。

時間が解決することは確かにあるのです。

大きな船は最初、船首しか目に入りません。でも、このとき「この船には船尾がない」と思う人はいません。

船のイメージが頭にあるからです。ところが、今の目の前で起きている現象は、先のイメージが持てないために不安になるのです。少し時間が経つと真ん中が、そのうち船尾も見えてくる。

わからないこと、見えないことに人は不安を抱きます。

「幽霊の正体見たり枯れ尾花」

有名なことわざがあります。恐い、恐いと思っていたけど、その正体が現れたらただの枯れススキだった。不安や恐怖は、あなたの想像力が豊かだからこそ襲ってくる感情で、実際にそれが起きてしまえば、それは「案ずるより産むが易し」なのです。

見えない未来を不安に思うより……
時の経過を「待つ」ことの大事さ

「時間が解決する」とよく言いますが、これは言い換えれば「待つ」ことです。

私はせっかちで、すぐに結果を知りたくなる性格でした。しかし、「待てば海路の日和あり」という経験をし、待つことの重要性を知るようになりました。

何が起きても、時間はそこで止まってはいません。時が経てば何事もそれなりに解決を見るものです。

コロナ禍を予測した人は誰もいませんでした。つまり、未来のことは誰にもわからないのです。

未来のことを心配して不安になっている人に「どうなっているかわからない先のことは考えずにほうっておいてみてはいかがでしょうか」と言うと、「なんだ他人事のように言いやがって」とお怒りになるかもしれません。しかし、どのように考えても時間は経ち、思いもつかなかった未来へと状況は変わってゆく。**不安になっても不安にならなくても時は経つ**のです。

フランスの作家ポール・バレリーの小説に、あらゆることを考え抜いて決める人と、サイコロで決める人がいた。しかし結果は、その人生にあまり差がなかったという物語があります。

今がダメな時期でも時間が経てば、またチャンスは巡ってきます。大切なのは、待ちながらも準備を怠らないことです。

コロナ禍で倒産する企業もたくさん出ましたが、逆にコロナを逆手にとった新しいサービス、起業家も出てきています。不安の中にあっても未来を予測し、努力することは非常に大事なことです。

嫌な記憶を楽しい記憶に変換させるのは難しい。

嫌なことに自ら飛び込んでいくのは恐い。

嫌なことを忘れて、目の前にある自分のやるべき目標に没頭すると言われても、今の目標は「不安をなくす」ことだと、それこそぐるぐる思考に陥っているあなた、今こそ自分にはどんな対処法があるのかをじっくり考えてみましょう。

人ぞれぞれの性格があり、不安があり、その種類もさまざまです。

いろんな方法を知っておき、自分に合う方法を探してみましょう。

そして時間が経つのを待つ。

見えない未来を不安がるより、少しだけ先を見据えて船の船尾が見えるのを待つ。

「待つ」こともまた、今すぐにできる不安解消法なのです。

自分のなかにいる不安＝幼児「リフレーミング」で自分を客観視する

敏感さや繊細さというものは、自分のなかにいる幼い子ども、幼児のようなものです。鈍感な人の大声や無礼な行動に対して抵抗する術を持たず、身を小さくして、彼らの顔色を伺いながら、嵐が過ぎるのをじっと待っているのです。

たとえば、あなたのそばに小さな子どもがいると想像してみましょう。

その子は、普通の大人にとって何でもないこと、「ちっとも怖くないよ」と感じる滑り台やブランコに対しても、「乗れるかな、落ちるんじゃないか」と不安と恐れを持っています。

大人でも繊細な人になると、子どもの目線に立って「この滑り台がすごく大きく見えるだろうな、すごい揺れているように思うだろうな」と感じるかもしれません。

最初は恐がっていた子どもも、もしあなたが一緒に滑ったり、揺らしてやったりすることができれば、少しずつ慣れていく。そして、不安や恐れは楽しさに変わっていって、「もっともっと」とねだるようになるでしょう。

同じように、あなたが今感じている不安や恐怖も別の人にとっては、あるいは**自分自身の見方を変えてやることで喜びに変わる**ことがあります。

心理学では、これを「**リフレーミング**」と呼びます。

状況の組み立て直しです。

絵画はそれを見せるための額縁によって、高価に見えたりチープに見えたりすることがあります。それなら額縁、すなわちフレームを変えることで、今の不安や恐れを抱いている状況を捉え直してみるのです。

自分では最悪の状況だと思い込んでいたとしても、もしかしたらそれは気づきをもたらしてくれるラッキーな状況かもしれません。

失敗してしまった。

←

今、失敗してよかった。もっと大変なことになっていたかも。

怒鳴られた。

←

怒鳴るなんてどうかしている。冷静に話してくれればいいのに。あの人はほかの人に対しても同じように怒鳴るだろうな。あれは彼自身の問題、やり方なんだ。

臆病だとそしられた。

←

これを臆病だと決めつけるのか。繊細、注意深いと言って欲しい。この人用心して付き合ったほうがいいな。

たとえばこんな具合に角度を変えて状況を捉え直すのです。

リフレーミングには、

・状況を捉え直す

・時間軸で考える（長い目で考える）
・マイナス用語をプラス用語に変えてみる

といった方法があります。別のあなたをイメージすることで、自分を客観的にとらえることができるようになり、不安や恐れを取り除いてくれるのです。

手軽に不安から逃れる方法
不安になったら水をイメージする

意外にも「水」というものが、不安解消のために有効、かつ手軽に使えます。熱中症予防には1時間置きにコップ1杯の水を飲んだりするのが大切ですが、水が効果的なのは熱中症だけではありません。

体重の1～2％ほどの軽い脱水状態があっても体力は低下し、疲れを感じます。

お腹が空いたときに食べ物の代わりに水を飲む。これにはダイエット効果がありますが、身体面だけに有効なわけではありません。タバコやアルコール中毒など、依存症にも効くことが知られています。

タバコを吸いたいという衝動を、水を飲むことで抑えることができる。その上、体内に入ったニコチンなどを水が排出しやすくしてくれるのです。

身体的にも精神的にも、水は役に立ちます。

不安や恐怖を感じたときにも有効です。

コップ一杯の水を飲むことで神経の昂《たかぶ》りを抑えられ、気分を変えることでその場の状況から少し離れて冷静になれる。身体に水が入ることで、吐き気などの身体の悪化を防いでくれます。

また、水のイメージが心を落ち着かせてくれます。水のイメージは、心理療法にも使われるほどの多義性を持っているのです。

生物の起源は水の中と言われています。人間もお母さんのお腹の中の海＝羊水から生まれてきた。だから水は、人にとって非常に重要な意味を持っています。海や川、滝や水しぶきといった水に関わるイメージは、神の恵み、神の言葉、清めなどを象徴しているのです。

不安や恐怖を感じたとき、より大きな存在に身を任すイメージを先に提案しましたが、そんな存在がすぐに思い浮かばないときには「水」をイメージしてください。

流れる水――それは、今の状況を刻々と変えていくイメージを呼び起こすのではないでしょうか。

「ゆく河の流れは絶えずして、しかももとの水にあらず」

鴨長明は『方丈記』にこう記しました。

すべてのものは変わっていく。今の状況だけにとらわれるな、ということです。

流れる水の音は、リズミカルに私たちの心を打ち、呼吸と合わせることで、落ち着きを与えてくれます。

広大な海は、母親の胎内で守られている自分をイメージしているのかもしれません。

身体にも心にも、水は多くのものを与えてくれます。心が不安になったら流れていく水をイメージする。流れていく雲でもいいのではないでしょうか。「行雲流水」との禅語がありますが、雲と水はなにものにもとらわれない心を表しています。

余談ですが、修行僧のことを「雲水」と言います。

「おうい雲よ　ゆうゆうと　馬鹿にのんきさうぢやないか　どこまでゆくんだ　ずっと磐城平の方までゆくんか」

明治大正の詩人、山村暮鳥はこう書きました。

悠々と浮かぶ雲のイメージは、それだけで不安を吹き飛ばしてくれそうです。

孤独という不安
ひとり暮らしだから孤独なのではない

最近、家族が離れ離れで暮らすことが多くなり、ひとり暮らしをしている高齢者が増えています。それが孤独死とか突然死につながるという不安を多くの人がもっていると思います。

また、このような時ですから、『孤独こそ最高の老後』『50歳からの孤独入門』『極上の孤独』といったタイトルの本がベストセラーになっています。

また、孤独死を恐れて40代の女性が身の回りを整理するなどという話をテレビも盛んに取り上げています。

しかし、孤独とは何でしょう。

もちろん人は独りで生まれ、独りで死ぬのですから、本来孤独です。また、夫婦とも健在で、子どもも元気というような場合でも、多くの時間は独りで過ごしている場合が多い。しかし、いつも人は孤独を感じているわけではない。

私は講演をするとき、次のような例を挙げています。

今、あなたはこの部屋にいる。そして、この会が終われば、どこにでも行ける。もし、この部屋が絶海の孤島にあって、そこでは何でもでき、おいしいものも食べられる、しかし、外には出られないとするなら、あなたは孤独を恐れるでしょうと。

つまり、人は一人で暮らしていても自分が望めば誰かと一緒にいられる、誰かと会えるということがあれば孤独ではないのだと。

私のマンションでは同じ階に2部屋しかなく、私の部屋の向かいに娘と孫が住んでいます。娘は働いていて夜遅く帰ってきます。孫の長男は学生、妹は医学部受験に失敗して浪人をしています。

皆忙しいので私は娘の家族の部屋にめったに行きません。孫と会うのも1週間に1回くらいで、話すこともあまりないのですが、そばにいる、いつでも会えると思っているので、孤独を感じることはないのです。

高齢の夫婦であっても、いつでも一緒にいるというわけではありません。お互いに趣味が違うし、奥さんが旦那ではなく、友達と買い物や旅行に行ってしまうというようなことはよくあることです。

しかし、お互いに孤独だと思っていないと思います。

つまり、孤独とは物理的に独りになるということではなく、誰もかまってくれる人がいない、話す人もいないという状態なのです。

ですから、家族といつも会っていない、孫の顔を見られない、兄弟と話ができないというのは孤独ではないのです。やろうと思えばできるからです。

私たちはみな独りで生きています。しかし、大切な人は「そばにいてくれるだけでいい」のです。

もちろん、そういう家族がいないから孤独で不安なんだよという人もいるでしょう。しかし、話ができる人、会える人は家族でなくてもいいし、遠くにいて気軽に会えない電話やメールの友達でもいいのです。

ひとり暮らしでもそういう人を何人か持っておけば、孤独という不安は随分と和らぐはずです。

アフォメーション＝良い暗示をかける
自分を縛る悪い暗示を捨てなさい

夜眠る前に「私は大丈夫」「私は可能性に溢れている」などの言葉を自分に言い聞かせることをアフォメーションと言います。「思考は現実化する」とか「引き寄せの法則」といった成功哲学で使われる方法です。

昼間、意識がはっきりしているときに、こういうふうに自分に言い聞かせても、自信のない人や不安になりやすい人は、すぐに否定してしまいます。他人から言われたときでさえ、「そんなことはありません」と否定してしまうことさえあります。

とくに日本人には「謙遜の美徳」がありますから、人から褒められても「お世辞にちがいない」と否定してしまう傾向があるのです。

眠る前の肯定的な言葉かけが有効なのは、意識より無意識の働きのほうが強くなっているからです。そのため、意識がはっきりしているときには抵抗のある言葉も入りやすくなります。

暗示とはその文字を見てもわかるように、「暗いところで示す」ということです。

暗いところ、すなわち無意識です。

そもそも私たちの考えは、幼い頃に誰かから受けた「暗示」の上に出来上がっています。

「もうあなたは怖がりなんだから」

「ダメねえ、あなたは」

このように否定的な言葉をシャワーのように掛けられ続けられた子どもは、自分をそのような性格、人間だと思い込んでしまいます。

私自身、親から「お前はこうだ」「何も知らないくせに」「お前のためを思って言うんだ」などと言われて育ってきました。今でもその言葉のなかには忘れられないものがあります。

何しろ、まだ自分という存在ができていない幼児期、つまり無意識の時代にかけられた言葉ですから、その効果は大きいのです。

しかし、それは所詮誰かから植えつけられた言葉ですから、その植え付けた人の考えに過ぎないのです。

それなら、その「暗示」を、解いてしまえばいい。かつては正しかった親の考えが、今の時代に生きるためには逆にためにならない、足をひっぱることもあります。

今回のコロナ禍もそうですが、前と後とでは考えもやっていいこと、いけないことも大きく変わっています。

『眠れる森の美女』などのおとぎ話には、幼い頃にかけられた暗示、呪いの言葉から解き放たれ幸せになるというストーリーが数多くあり、昔から、暗示にかかって苦しんでいる人がいかに多かったかが、おとぎ話にも表れています。

自分を苦しめる暗示＝呪いの言葉は、捨てればいいのです。

そのため使うのが自分にとって良い暗示、つまりアフォメーションです。

人は時代を生き抜くために、いろんな考えを捨ててきました。わかりやすいのは戦時の「お国のために立派に死ぬ」などという考えでしょう。

生涯一つの会社に勤めるのが偉いという考えも変わってきました。

自分を縛る考えや感覚は、捨てたほうがいいのです。